홍보

광고

상품판매

SNS 마케팅

김 영 문

SNS MARKETING

집현재

머리말

아름다운 삶, 사랑 그리고 마무리...

1997년 11월에 한국이 경제부도의 위기로 내몰리면서 수많은 직장인들이 정든 회사를 떠나 길거리로 쏟아져 나왔었는데, 그때에 실직자들을 위해 막연히 무엇인가 도움이 되는 일을 해야 하겠다는 생각을 갖고 금훈섭 (주)이야기 대표, 신순희 (주)모든넷 대표, 하태호 사랑넷 대표 등을 만나서 1998년 8월에 한국소호벤처창업협의회(soho.sarang.net)라는 이름으로 모임을 만들었습니다. 무엇인가 거창한 단체를 만들겠다는 생각보다는 삶의 터전을 잃고 희망을 잃어버린 실직자들에게 조그마한 도움이라도 드리고 싶었습니다.

그 이후 1999년 3월에 계명대학교 대명캠퍼스 시청각실에서 대구광역시 곽영길 당시 주임의 도움을 받아서 「'99 소호창업박람회」를 개최하였는데, 아마도 3,000명 정도는 참가한 것으로 기억이 납니다. 부스 40개를 설치하였고 세미나도 진행하였는데,

그 당시 신일희 계명대학교 총장님을 비롯한 참석한 내빈들이 박람회장에 들어가기도 힘들 정도로 많은 예비창업자들이 참석을 하였습니다. 개회사를 하면서 영화 '벤허'를 감독한 윌리엄 와일러가 시사회에서 말한 "하느님, 이 영화를 정말 제가 만들었습니까?"를 인용하면서 감격해 했던 순간이 아직도 생생합니다.

1999년 10월에는 중소기업청으로부터 한국소호진흥협회(www.sohokorea.org)로 명칭을 변경하여 사단법인 인가를 받았는데, 그 당시에 신민철 사무관께서 사단법인 인가를 받을 생각이 없느냐고 했을 때에 처음에는 거절했던 생각도 납니다. 사단법인을 만들기 위해서 창업분야의 일을 하였던 것도 아니었고, 굳이 사단법인이 필요하지 않았던 것입니다. 그 이후 한두 번 정도 더 전화를 받고서야 사단법인을 만들어서 일을 해야 하겠다는 생각을 하였습니다. 그때에는 소호(soho)라는 말보다는 벤처(venture)라는 말이 더 인기가 있었기 때문에 소호관련 협회를 운영하는 것이 매우 힘들기도 하였습니다.

2001년에 뉴비즈니스연구소(www.newbiz.or.kr) 사이트를 뜻을 같이 하시는 분들과 함께 개설하였는데, 그것은 생각하는 창업, 연구하는 창업, 뿌리가 있는 창업의 필요성을 느끼면서, 창업도 조사와 연구를 통해서 발전할 수 있다는 것을 알았기 때문입니다. 다른 사람의 아이템을 베끼거나 대충 시작해서는 절대로 성공창업을 보장받을 수 없기 때문입니다. 개인적으로 볼 때에는 뉴비즈니스연구소 사이트를 오픈하면서 창업관련 조사 및 연구

활동을 활발하게 진행하였습니다. 물론 뉴비즈니스연구소라는 사이트가 설립 취지에 맞게 성공하였다고는 할 수가 없으나, 창업분야에서 조사 및 연구가 얼마나 중요한가를 깨닫게 된 계기가 되었습니다.

2003년도에는 저에게 전혀 예상하지 못한 일이 일어났습니다. 그것은 계명대학교 벤처창업보육사업단의 설립을 위해 일을 하였지만, 설립 후 전혀 사업단의 운영에 참여하지 못해 많은 서러움을 갖고 있었던 저에게 사업단장이라는 직책이 맡겨지게 된 것입니다. 제가 그 일을 맡게 될 것이라고는 꿈에도 생각하지 않았기에 혼신의 힘을 다해서 열심히 일을 하였다고 자부합니다.

2003년 2월 1일부터 계명대학교 벤처창업보육사업단(www.kubic.co.kr)의 단장으로 일을 하면서 중소기업청 평가에서 대구경북지역 36개 창업보육센터 중에서 유일하게 6년 연속 최우수 평가를 받았습니다. 2005년에는 정보통신부장관 표창을 받았으며, 그해 전국 최우수 창업보육센터장으로 선정되어 산업자원부장관 표창을 받기도 하였습니다. 이러한 업적들은 함께 수고한 박신제 매니저, 정태용 매니저, 차재민 매니저, 김미영 등 사업단에 근무하는 모든 분들의 수고 때문이라고 생각하며, 고마움을 전하고자 합니다.

이렇게 창업분야의 일을 하다보니 방송과도 인연이 많았습니다. 1999년에는 TBC 라디오 박원달 PD와 인연을 맺으면서 「알기쉬운 경제교실」에 1년 6개월간 출연하였으며, TBC TV의 아침 방송에서 이학락 PD와 함께 「클릭! 김영문의 인터넷세상」을 6개월간 진행하였으며, KBS 1라디오에서 김지인 부장과 「창업이 보인다」라는 프로그램 꼭지에 6년 이상 고정 출연을 하고 있습니다.

언론활동 중에서 아마 가장 기억에 남은 방송이라면 당시 KBS 9시뉴스 진행자였던 황현정 아나운서와 서울 여의도에서 소호창업에 대해 2시간 생방송을 했던 것이었는데, 하도 긴장을 해서 방송 전에 화장실을 10번은 간 것 같았습니다. 처음에는 힘들었던 방송이 그 이후에는 너무 쉽게 느껴졌으나 이제는 말 한마디에도 책임감을 느끼는 시간들이 되었습니다. 저의 한마디로 인해 방송을 보고 듣는 분들에게는 알토란 같이 모은 전 재산을 날릴 수도 있다는 것을 알게 되었기 때문입니다.

2004년 4월 20일에는 사랑나눔재단(www.mis.or.kr)을 예수 그리스도의 인도하심으로 설립하여 2006년 2월 22일에 대구광역시로부터 사랑나눔회(www.mis.or.kr, 현재 웹사이트는 폐쇄하였으며 cafe.daum.net/isoho2jobs에서 통합 운영하고 있음)로 명칭을 변경하여 비영리민간단체(Non-Profit Organization, NPO)로 인가를 받았습니다. 사랑나눔회는 저의 삶에서 가장 중요한 일 중의 하나이기도 하였으며, 거듭나는 삶의 은사를 받는 계기를 마련해 주었습니다. 천상천하유아독존(天上天下唯我獨尊)과 같은 삶에서 낮추고, 덜어내고, 긍휼히 여기는 마음을 갖도록 오래 전에 예수 그리스도께서 저에게 예비하신 길이었다는 것을 굳게 믿습니다.

사실, 1998년부터 무엇 때문에 제가 창업분야의 일을 하게 되었는가에 대해 가끔 스스로에게 궁금하게 생각을 하였는데, 지금 생각해 보면 사랑나눔회를 위한 준비와 훈련을 시키신 것이었다고 생각됩니다. (사)한국소호진흥협회에서 일을 하면서 프랜차이즈 본사와의 갈등이 너무 많아서 협회의 운영에 대해 좌절과 회의가 많았는데, 사랑나눔회에서 봉사를 하면서 나눔의 즐거움과 기쁨의 시간이 너무 많았습니다. 창업이라는 분야에서도 늘 다른 곳에서 방황하다가 이제야 제가 있어야 하는 곳에 왔다는 생각을 하게 되었습니다.

2005년 9월 1일에는 창업길라잡이 카페(cafe.daum.net/isoho2jobs)를 개설하였는데, 예비창업자들을 위해 매주 창업행사를 개최하며 창업상담도 해 드리는 기회를 만들어 보기 위함이었고, 아울러 사랑나눔회를 운영하기 위한 복지기금이 필요했기 때문이기도 하였습니다. 카페에서 진행하는 행사에 오시는 모든 분들이 사랑나눔회의 아름답고 따뜻한 후원자라는 것을 생각할 때에 그저 감사한 마음뿐입니다. 그 분들의 참가비는 한 푼의 낭비도 없이 예수 그리스도께서 보시기에 부끄러움이 없도록 장애인, 모자가정, 교도소 수용자 등의 소외계층과 국내외의 선교사업을 위해 사용되고 있습니다.

2010년 3월 10일에는 대구경북창업카페연합회(cafe.daum.net/isoho2jobs)를 설립하였는데, 그것은 활동의 범위를 대구경북지역으로 한정하여 창업을 해야 하는 분들에게 소박하게 봉사하기 위함이었습니다. 이를 위해 사단법인 한국소호진흥협회 및 여러 관공서의 각종 위원 등을 모두 정리하였습니다. 남은 삶을 한곳에 헌신하고, 그리고 아름답게 마무리를 하기 위한 마지막 준비라는 생각을 하였습니다.

사실 1998년 8월 이후 창업분야의 일을 하면서 주머니에는 늘 위장약을 갖고 다니면서 복용하였으며, 2003년 5월에 의식을 잃고 택시에 실려 병원에 가기도 하였습니다. 그때에는 식구들도 몰라보게 되었는데, 택시를 타고 병원에 가면서 조금씩 의식을 회복하게 되었습니다. 하지만, 또 다시 2009년 11월 28일 토요일 저녁에 잠을 자다가 뇌출혈로 다시 병원에 가게 되었으며 병원에 도착하자마자 의식을 잃고 뇌수술을 받게 되었습니다. 8일 만에 의식을 다시 찾았으며, 16일간의 중환자실 및 총 27일간의 입원을 통해 겨우 생명을 다시 찾았습니다.

한편, 2011년 3월에는 연구년 기간 중에 창업선도대학 계명대학교 창업지원단의 기술창업육성부장이라는 보직을 발령받았고, 그해 11월 1일에는 창업지원단장의 보직을 발령받아 2013년 1월 31일까지 일을 하였습니다. 오직 예비창업자들만을 생각하면서 정말로 열심히 일을 하였으며, 2011~2012년의 창업선도대학 사업실적 평가에서 전국 18개의 창업선도대학 중에서 1위를 하였습니다. 하지만, 과로 및 스트레스로 인해 2012년 말에 뇌출혈의 후유증으로 인해 2번이나 쓰러져서 창업지원단장의 직에서 사임을 하고 연구실로 돌아왔습니다. 앞으로 계명대학교에서의 남은 시간들은 교수라는 위치로 온전히 돌아와서 학생들에게는 좋은 강의를 하고, 창업의 모든 분야를 더 깊이 있게 연구하기 위해서 모든 시간을 보내게 될 것입니다.

오랜 시간을 되돌아 가보면, 대학교 3학년 때에 학회장에 출마하면서 선거유세를 위해 강의실을 다니면서 「不義와 타협하지 않겠습니다.」라는 글자를 칠판에 적은 기억이 납니다. 그때의 그 마음이 아직도 그리고 앞으로도 변치 않기를 다짐하면서, 참으로 어지럽고 혼탁한 창업시장에서 아직은 저의 역할이 있음을 생각합니다. 아니, 저를 통해서 이루고자 하는 그분의 뜻을 더 많이 알기를 원하며, 저에게 주신 재능을 통해 더 많은 분들이 창업을 통해 경제적으로 자립하고, 홀로서기를 하고, 아울러 승리했으면 하는 소망이 있습니다.

1998년 이후 창업분야에서 일을 해 오면서 배운 창업이론과 실무지식 그리고 창업현장에서의 경험을 바탕으로 지금까지 14권의 책을 출판하였습니다.

1. SOHO와 인터넷비즈니스, 동영출판사, 2000년
2. 한 권으로 끝내는 창업길라잡이, 창업학, 법문사, 2006년
3. 예비창업자가 꼭 알아야 하는 100가지, 법문사, 2009년
4. 창업길라잡이, 집현재, 2011년
5. 이베이(eBay)에서 창업하기, 책마을, 2011년
6. 500만원으로 창업하기, 집현재, 2011년
7. 카페(cafe)로 창업하기, 집현재, 2012년

8. 일본 소호(보따리)무역으로 창업하기, 집현재, 2012년
9. 무점포 무일푼으로 인터넷창업하기, 집현재, 2013년
10. 무점포 · 1인 창업하기, 집현재, 2014년
11. 하루 만에 인터넷 쇼핑몰 창업하기, 집현재, 2014년
12. 창업입문, 집현재, 2015년
13. 홍보와 광고전략, 집현재, 2015년
14. 포토샵과 HTML의 활용, 집현재, 2016년

이러한 저서들을 집필함에 있어 선후배들의 자료를 참고로 정리하였고, 제가 쓴 글이나 설문조사한 자료들을 추가하면서 저 나름대로의 생각들을 담으려고 노력도 하였습니다. 하지만, 실제 창업을 한 경험이 없고 실무경력이 별로 없다보니 보시기에 많이 미흡하고 때로는 다른 분들의 업적을 가로챈 느낌마저 갖게 되어 송구스럽게 생각합니다. 혹시라도 본문 중에 참고문헌을 누락하였다면 고의가 아니었음을 말씀드리면서 용서를 구하고자 합니다.

이번에 집필하는 이 책 역시 누군가에게는 삶의 희망을 주고, 또 누군가에게는 빵이 되어 배고픔을 해결해 주었으면 좋겠습니다. 힘들어서 쓰러지고 싶고 때로는 삶을 포기하고 싶은 작은자들에게 어둠 속의 빛과 소금의 역할을 수행할 수 있었으면 더 이상 바랄 것이 없을 것 같습니다.

책의 서문에 무엇을 담을까 생각하다가 1998년 이후 창업분야에 몸을 담으면서 있었던 일들을 조금 정리해 보았습니다. 여기

에 다 담지 못한 이야기들도 있고, 감사의 표시를 제대로 하지 못한 분들도 있습니다. 저를 낳아주시고 미국 유학경비를 보내주시느라고 고생을 너무 하신 부모님, 그리고 세상에서 저와 소중한 인연을 맺은 가족들에게도 고마움을 전합니다.

그리고 2004년에 사랑나눔회를 시작하면서 나눔과 선교의 사업에 함께 하는 모든 분들에게도 진심으로 고마움을 전하면서, 사랑나눔회가 대를 이어 계속되기를 소망합니다. 사실, 사랑나눔회의 도메인 중에서 MIS는 management information system의 약어로서 당초 제가 근무하는 경영정보학과의 홈페이지로 사용할 계획이었으나, 2004년에 부산창업박람회를 참관하고 오는 길에서 "mis(mission in sharing and humanity services) for glory of the God"가 갑자기 생각났는데 그것은 그분의 인도하심이라고 생각합니다. 지금 생각해 보면, 16년간 창업분야에서 일을 하게 된 것도, 그리고 이 책을 쓰게 된 것도 모두 사랑나눔회를 통해 나눔과 선교사업에 일을 하신 그분의 뜻이 있었다고 생각합니다.

그리고 살아오면서 때로는 저로 인해 고통을 받았거나 분노한 분들도 많이 있을 것이며, 지면을 빌어 죄송한 말씀과 용서를 구하고자 합니다. 철없던 시절의 잘못된 생각으로 많은 분들에게 심적 · 육체적 고통을 주었음을 고백하며, 앞으로는 더 많은 분들에게 희망, 꿈, 소망, 그리고 행복을 드릴 수 있도록 남은 삶을 바치고자 합니다.

끝으로, 본 저서의 내용과 관련하여 몇 가지를 알려 드리고자 하며, 크게 성공하지는 못하더라도 적어도 실패하지 않는 창업에 많은 도움이 되기를 원합니다.

1. 저서의 내용에 관해서 질문이 있거나 창업에 대한 도움이 필요하시면 뉴비즈니스연구소(cafe.daum.net/isoho2jobs)의 [창업상담♡질문 및 답변] 게시판을 활용해 주십시오. 적극적으로 도움을 드릴 것입니다.
2. 뉴비즈니스연구소(cafe.daum.net/isoho2jobs)의 [창업동영상(UCC)강좌] 게시판에 등록되어 있는 다양한 동영상(UCC)을 함께 공부하시면, 분명 성공적인 창업에 많은 도움이 될 것입니다.
3. 본 저서에서 정의하고 있는 다양한 SNS 사이트들을 활용하여 홍보, 광고, 그리고 상품판매를 직접 실행해 보는 것이 가장 중요하며, 처음에는 실적이 만족스럽지 못하더라도 꾸준히 노력하는 것이 필요할 것입니다.

2017년 2월에

김영문

차 례

제 5 장 카페를 활용한 홍보, 광고 및 상품판매 ·········· 113

제 1 장

홍보와 광고의 이해

1. 소비자의 구매과정
2. 광 고
3. 홍보 및 정보제공
4. 인적 판매
5. 판매촉진
6. 홍보를 위한 인쇄물의 종류
7. 홍보 및 광고의 통합적인 관점

SNS를 이용한 홍보, 광고 및 상품판매에 대해 설명을 하기 전에 우선 홍보와 광고에 대해 전체적으로 이해를 하는 것이 필요하다. 아울러, 소비자의 구매과정을 통해 어떻게 홍보와 광고가 효과적으로 진행되어야 하는지를 생각하는 것이 필요하며, 궁극적으로 상품판매를 위해 SNS가 어떻게 효과적으로 활용되어야 하는가를 깊이 생각해야 할 것이다.

1. 소비자의 구매과정

창업자가 상품을 판매하고 목표로 하는 매출을 올리기 위해서는 먼저 소비자의 상품구매과정에 대한 이해가 선행되어야 한다. 대부분의 소비자는 상품의 구매과정을 거치는 동안 다양한 외적 혹은 내적 요인들에 의해 영향을 받게 되는데, 먼저 외적 요인으로는 기업에서 전략적인 계획을 수립하여 진행하는 다양한 홍보와 광고를 포함하는 마케팅 요인이 있다. 기업의 마케팅 요인으로는 크게 제품(product), 가격(price), 유통(place), 촉진(promotion)의 4P를 고려할 수 있다. 또한 내적 요인으로는 문화적 · 사회적 · 개인적인 요인과 심리적인 요인으로 구분할 수 있다. 문화적 · 사회적 · 개인적 요인으로는 문화, 사회계층, 준거집단, 가족, 생활양식 등을 들 수 있다. 그리고 심리적인 요인으로는 동기유발, 지각, 학습, 태도 등이 있다.

이러한 외적 및 내적 요인에 의해 영향을 받는 소비자들은 다음과 같이 4가지의 형태로 구분할 수 있다(중소기업청, 2002. 4). 아울러, 창업기업에서는 이러한 소비자들의 형태에 따른 홍보 및 광고를 효과적으로 진행하기 위한 차별적인 계획의 수립이 필요할 것이다.

① 경제형(economic): 가치욕구적인 구매에 주된 관심을 가지며, 극단적으로 가격, 품질 및 상품구매에 감수성이 강하다.

② 개성형(personalizing): 점포의 사람이나 점포 그 자체와 강한 개인적인 연대관계가 있는 곳에서 구매한다.

③ 윤리형(ethical): 소규모 소매점이 사업을 계속할 수 있도록 대형점이나 연쇄점의 저가격이나 상품구색을 고려하지 않는다.

④ 무관심형(apathetic): 가능한 한 빨리 구매하고자 하는 편의에만 관심을 두고 구매한다.

이러한 소비자들의 형태 분석을 토대로 한 상품 구매과정은 [그림 1-1]과 같이 제시할 수 있는데(중소기업청, 1999. 10), 상품을 판매해야 하는 기업의 입장에서 보면 각 단계별로 어떻게 홍보와 광고를 차별적으로 진행할 것인가를 종합적으로 계획하는 것이 중요할 것이다. 또한 판매하는 상품에 따라 소비자의 상품 구매과정은 약간 달라질 수도 있으며, 이에 따라 소비자의 구매 단계별로 홍보와 광고도 차별적으로 진행하는 것이 필요하다.

[그림 1-1] 소비자의 구매과정

문제인식 → 정보탐색 → 대안평가 → 구매결정 → 구매후 행동

1.1 문제의 인식

소비자는 실제 상태와 바람직한 상태 간의 차이를 지각하게 될 때 상품 구매에 대한 욕구를 느끼게 되며, 이것이 소비자의 구매의사결정을 유발시키는 동기가 된다. 소비자가 욕구를 인식한다는 것은 바로 문제를 인식한다는 것으로 해석될 수 있다.

1.2 정보의 탐색

소비자가 욕구를 인식하게 되면 욕구를 충족시킬 수 있는 상품이나 서비스를 찾게 되는데, 이것이 바로 정보를 탐색·수집하는 단계이다.

1.3 대안의 평가

정보탐색의 결과를 바탕으로 하여 소비자는 몇 개의 상표로 구성된 상표군(trademark group)을 형성하게 되며, 이들 중에서 하나를 선택하기 위한 평가를 하게 된다.

1.4 상품의 구매결정

대안의 평가를 토대로 최종 구매를 하게 된다.

1.5 구매 후 행동

구매 후 행동은 만족 혹은 불만족한 결과로 나타나게 되며, 각각에 따라 향후 구매는 완전히 달라지게 된다. 요즈음처럼 인터넷이 발달한 경우에 불만족한 소비자는 인터넷을 통해 다른 사람들의 상품구매에 영향을 미치게 된다.

사실, 제품을 판매해야 하는 기업의 입장에서 볼 때에는 고객이 문제를 인식할 때까지 기다리기보다는 다양한 홍보 및 광고를 활용한 자극을 통해서 문제를 인식할 수 있도록 할 수 있다. 예를 들어, 다양한 광고, 판촉, 디스플레이, 점내(店內) 고지 등을 통해서 고객이 문제를 인식할 수 있도록 만들어야 하고, 또한 상품을 구매하도록 만드는 것이 중요할 것이다.

2. 광 고

2.1 광고의 의미

광고(advertising)는 기업이나 개인 및 단체 등이 상품, 서비스, 이념, 신조, 정책 등을 세상에 알려서 상품판매 등의 목적을 거두기 위해 투자하는 정보활동이라고 할 수 있는데(네이버 백과사전, 100.naver.com), 창업기업에 있어서는 주로 상품과 관련된 아이디어와 상표, 서비스 등에 관한 정보를 오프라인(off-line)과 온라인(on-line) 매체를 통해 알려서 상품의 판매를 촉진하게 된다. 일반적으로 광고가 필요한 경우는 다음과 같다(blog.naver.com/666dbsrl).

① 새로운 사업을 시작할 경우
② 새로운 상품이 출시되거나 기존 상품에 대한 고객의 정보 부족으로 판단될 경우
③ 필요 이상으로 상담하는 시간이 소비된다고 생각할 경우
④ 지사 혹은 지점을 새로 개설할 경우
⑤ 신상품의 예상고객을 효율적으로 찾아내기 위한 경우
⑥ 경쟁 광고주의 움직임이 매우 활발해 시장이 잠식당할 위험이 따를 경우

⑦ 바람직한 기업 이미지의 창조(브랜드 메이킹)가 필요하다고 생각될 경우
⑧ 종업원 모집을 의식하고 광고할 경우
⑨ 광고주의 메시지를 여러 사람에게 직접 전달할 수 없을 경우
⑩ 고객으로부터 경쟁업체의 상품이 많이 거론될 경우

한편, 광고 전략을 결정할 때에 고려해야 하는 사항은 다음과 같다(중소기업청, 1999. 10).

① 점포 개성의 확인(차별화할 대상 요소)
② 광고 예산크기(점포연령, 상품화 정책, 경쟁상대, 이용매체, 상권 범위, 취급 상품의 종류 등을 고려하여 결정)
③ 표현할 내용
④ 이용매체의 종류

위에서 언급한 고려사항 중에서 추가할 것이 있다면 광고의 효과 및 지속성에 대한 것이라고 할 수 있다. 예를 들어, 신문에 광고를 하는 것은 신문이 발간되는 당일 혹은 발간 후 2~3일 정도라고 할 수 있다. 하지만, 인터넷을 이용한 광고의 경우에는 상당 기간 지속될 수 있다는 것이다. 그렇다면, 광고는 결국 비용 대비 효과를 따져봐야 할 것이다.

2.2 소점포 광고의 종류

점포를 활용하여 창업을 하는 경우에는 다음과 같은 광고들을 생각할 수 있는데, 점포에서 판매하는 상품의 종류에 따라 어떤 광고에 더 많은 예산을 편성할 것인가를 결정하면 된다. 이를 위해서는 동종 혹은 유사한 상품을 판매하는 다른 점포에서는 어떤 광고에 더 많은 예산을 편성하는지를 조사하고 분석하는 것이 필요할 것이다.

(1) 전단광고

전단지를 만들어서 배포하는 것을 말하는데, 배달하는 방법은 다음과 같다.

① 신문을 배달할 때에 신문지에 끼워서 함께 배포하는 방법
② 사원들이 고객들을 직접 방문하여 배포하는 방법
③ 점포 앞에서 배포하는 방법
④ 관련 박람회 혹은 행사 참가자들에게 배포하는 방법

(2) 구매시점광고 (POP: Point Of Purchase)

고객이 상품을 구매하는 장소에서 수행하는 광고를 말하는데, 다음과 같은 방법들이 있다.

① 벽면에 포스터를 붙여 놓은 방법
② 판매 상품을 위해 가격 표시판과 함께 광고 카드를 올려 놓

은 방법

③ 상징적 물건을 설치해 놓은 방법

④ 음식점에서의 메뉴판

(3) 우편광고

우편을 통하여 광고를 하는 것인데, 아파트의 경우에는 단순히 아파트의 동과 호수만 적어도 우편물 발송이 가능하다는 장점이 있다.

(4) 판촉물 광고

성냥, 열쇠고리, 달력, 포스트잇(post-it) 등의 판촉물을 나누어 줌으로써 광고를 할 수 있는데, 고객들이 늘 갖고 다닐 수 있는 판촉물이면 더 효과적이다.

(5) 인명부광고

전화번호부, 지역내 상권 책자 등에 광고를 하는 방법이다.

(6) 구전광고

사람의 입을 통해 광고를 하는 것인데, 주로 주변의 인맥을 활용하게 된다. 구전광고는 고객이 오피니언 리더(opinion leader)인 경우에 특히 도움이 될 수 있다.

(7) 데몬스트레이션(demonstration)

상점에 온 고객들을 상대로 상품의 특성이나 사용법을 알리기 위하여 데몬스트레이션을 하는 것은 소매업에서 효과적으로 사용하는 광고방법의 하나이다.

(8) 디스플레이(display)

고객의 주의를 끌고 구매의욕을 일으키도록 상품을 진열하는 것을 디스플레이 혹은 진열이라 한다. 이러한 디스플레이를 효과적으로 이용하기 위해서는 대상상품, 대상고객, 색채, 장소, 조명, 레이아웃, POP광고 등을 구체적으로 준비하는 것이 필요하다.

(9) 행 사

소매점에서는 일정한 기간 동안에 특별행사를 할 수 있다. 예를 들어, 새해맞이 설날 행사, 창립기념일, 입학, 졸업, 어버이날, 어린이날, 추석, 정기바겐세일, 사은 대매출 등 여러 가지 특별행사를 할 수 있다.

(10) 소비자 교육

고객의 사고방식, 상품지식, 사용법 등에 대하여 교육함으로써 판매효과를 높이고자 하는 활동이다.

2.3 POP 광고

점포 내에 가장 많이 쉽게 설치하는 광고로는 POP(Point Of Purchase) 광고를 들 수 있다. POP 광고는 매장 안에 활기를 불어넣어 줄 뿐만 아니라 점원에게 직접 상품과 관련된 질문을 던지지 않고서도 해당 상품이 지닌 장단점과 기능, 품질, 가격 등을 쉽게 알 수 있도록 도와준다. 그 때문에 POP 광고의 역할은 점점 커지고 있다.

사실, 점포창업을 하면서 많은 POP 광고를 모두 사용할 수는 없는데, 먼저 다른 점포를 방문하여 살펴보고, 본인의 점포 실정에 맞는 POP 광고를 선택하면 될 것이다. 하지만, POP 광고를 할 때에는 몇 가지 사항에 대해 체크를 해야 하는데, 주요 내용은 다음과 같다(blog.naver.com/idahoya).

① 고객에게 구매의욕(충동구매) 발생 여부
② 시각적인 효과 충족 여부
③ 계절 감각이나 지역특성 반영 여부
④ 상품의 개성 및 특성 표출 여부
⑤ 점두(가게의 앞쪽)나 점내에서 고객의 관심도
⑥ 디자인의 참신성
⑦ 제작비의 효율성

한편, POP 광고를 사용함으로 인해 얻을 수 있는 효과는 다음과 같다(경기지방중소기업청, 2003).

① 고객의 쇼핑에 도움을 준다.
② 판매원의 접객 판매활동을 도와준다.
③ 고객이 미처 생각지 않고 있던 상품을 사도록 충동구매를 도와준다.
④ 광고, 전시 및 기타 다양한 판매촉진 활동과 상승효과(synergy effect)를 꾀할 수 있다.
⑤ 비교적 만들기 쉽기 때문에 비용이 적게 든다.
⑥ 상품에 관한 설명을 할 수가 있으므로 소비자 교육이 된다.

2.4 판촉물 광고

신규로 창업을 할 때에 방문한 고객에게 선물로 주는 것이 판촉물인데, 판촉물은 그냥 주는 것으로 끝나는 것이 아니라 재방문 혹은 재구매가 발생할 수 있도록 하는 것이 중요할 것이다. 일반적으로 판촉물의 3요소는 다음과 같다(최재희, 2003).

① 기능: 기능이 있는 물건이어야 하는데, 쇼핑백의 경우가 대표적이다. 즉, 쇼핑백의 기능은 물건을 담는 것이라는 것이다. 따라서, 판촉물을 제작하거나 주문할 때에는 목표로 하는 고객이 유용하게 사용할 수 있는 것인가를 고려해야 할 것이다.

② 인쇄문구: 판촉물의 표면에는 회사 로고나 내방객에게 전달하고자 하는 문구, 연락처, 도메인 등을 넣는 것이 중요하다. 특히 회사의 도메인을 포함시키는 것이 좋다.

③ 가격: 예상 방문객의 수와 구입단가를 고려하여 판촉물 단가를 결정해야 한다.

경기가 불황일수록 고객이 오래 간직할 수 있는 판촉물을 선정하는 것이 중요한데, 일상생활 중에서 고객이 늘 사용하거나 갖고 다닐 수 있는 판촉물이라면 광고효과는 그만큼 더 크다고 할 수 있다. 이러한 판촉물을 선정할 때에 고려해야 할 사항들은 다음과 같다(마켓코리아, www.maketkorea.com).

① 정성이 깃든 판촉물: 가격이 비싸지 않지만 받는 사람들이 정성이 들어 있다고 생각하는 선물로 선정하는 것이 좋다.

② 의미 있는 판촉물: 유명인이 관련된 판촉물 혹은 국제대회나 기관 등에서 인증 받은 것을 기념하는 판촉물이라면 더욱 좋을 것이다.

③ 실용적인 판촉물: 기능이 가미된 판촉물을 선정하는 것이 좋은데, 예를 들어 구두 광택용 스펀지, 오프너(opener), 구급함, 미용세트 등이 좋다.

④ 배포대상에 따른 판촉물의 차별화: 티셔츠, 모자, 컵 등 몇 가지 판촉물을 준비하여 고객의 중요도에 따라 배포하면 된다.

⑤ 대상에 따른 판촉물: 학생, 주부, 일정 급여 이상의 직장인, 각종 기업, 사무실 등 대상에 따른 판촉물을 선정하는 것이 필요하다.

3. 홍보 및 정보제공

홍보(publicity)란 기업, 단체 또는 관공서 등의 조직체가 커뮤니케이션 활동을 통하여 스스로의 생각이나 계획, 활동, 업적 등을 널리 알리는 활동을 말하는데(네이버 백과사전, 100.naver.com), 광고와는 달리 금전적인 대가를 지불하지 않는다는 특징이 있다. 즉, 신문, 잡지, 라디오, TV뉴스 등에 기업의 제품이나 서비스 혹은 기업 이미지를 뉴스거리로 제공할 수가 있다는 것이다. 효과적인 홍보가 되기 위해서는 다음과 같은 3가지의 특징을 가져야 한다.

① 정보가치성: 정보로서 가치가 있어야 하는데, 발상의 전환을 통해 창업을 하였거나 특이한 경력의 창업자 등의 경우에는 정보로서 가치가 있을 것이다.

② 자극유인성: 판매원이나 거래점포의 열의를 북돋아 줄 수 있는 유인성을 갖고 있어야 한다.

③ 신뢰성: 내용을 믿을 수 있어야 한다.

상품의 판매활동과 관련하여 생각해 볼 것은 현재 및 잠재고객에 대한 정보의 제공이 필요하다는 것이다. 즉, 전단지를 제작하거나 인터넷 웹진(webzine)의 형식으로 고객들에게 기업의 소식을 정기적으로 제공함으로써 고객들의 관심 및 충성도를 높일 수 있을 것이다.

한편, 창업기업의 경우에는 언론을 잘 활용하면 돈을 거의 들이지 않고도 엄청난 홍보효과를 기대할 수 있는데, 대부분의 벤처 혹은 창업보육센터 입주기업들의 경우에는 홍보를 전담하는 직원이 없는 실정이다. 또한 언론을 통한 홍보의 중요성은 인식하고 있지만, 언론에 부탁을 해야 한다고 생각하거나 많은 돈 혹은 든든한 인맥이 있어야 가능하다는 생각을 하고 있다.

하지만, 많은 언론 관계자들을 만나보면 기사거리가 될 만한 정보에 목말라 하고 있으며, 좋은 기사거리를 항상 원한다는 것이다. 이에 대해서 박영만(2003.8)은 방송을 활용한 홍보 10계명을 다음과 같이 제시하고 있다.

① 방송홍보를 잘 하려면 역지사지(易地思之)의 입장에서 프로그램을 완벽하게 파악하고 자사와 관련된 아이템이 어느 프로그램 및 어떤 꼭지와 적합한지 체크한다.
② 프로그램이 끝나면서 엔딩 자막으로 지나가는 스크롤에서 방송국이나 외주 프로덕션의 PD 혹은 작가 등 스태프들의 이름을 파악한 후에 연락한다.
③ 시청자에게 유익한 정보와 그림(사진)이 뒷받침되는 방송 제안서 혹은 방송 의뢰용 보도자료를 핵심만 보기 좋게 만들어 직접 찾아가거나 메일로 송부한다.
④ PD나 작가는 방송 소재를 신문, 잡지, 인터넷 등에서 많이

찾으므로 그러한 곳에 소개되면 자연스럽게 방송 아이템으로 연결될 가능성이 있다.

⑤ 방송은 특정기업 홍보에 대한 구설수에 휘말리지 않으려고 유사한 여러 회사를 소개한다. 따라서, 비슷한 사례를 몇 개 모아 트렌드나 사회·문화 현상으로 자료를 제공한다.

⑥ 시기적절한 타이밍을 맞춰 이벤트를 기획하고 행사 10일 전에 미리 보도자료를 보낸다. 각종 기념일이나 계절별 연례행사 등을 새로운 시각으로 접근할수록 좋다.

⑦ 자사의 플래카드, 배너, 포스터 등 홍보물과 예쁜 캐릭터 상징물 등 비주얼(visual)이 강한 홍보용 소품을 미리 만들어 두고 노골적이지 않게 슬며시 방송에서 활용한다.

⑧ 방송 취재시 자사의 로고나 캐릭터 등의 과잉 노출은 편집에서 가려지거나 거의 잘린다. 본인이 시청자라고 생각하고 객관적으로 인터뷰나 취재에 응한다.

⑨ 방송은 연출이 불가피한 경우가 많다. 따라서 무리하게 연출을 부탁할 수도 있다. 자사의 컨셉트를 해치지 않는 범위에서 가능한 한 연출 상황에 적극적으로 응해 준다.

⑩ 갑자기 방송에 나가게 될 경우, 홍보 담당은 유사시 사장을 대신하여 인터뷰할 수 있는 준비를 갖춘다. 항시 방송에 대비한 홍보체제를 구축하여 기회를 놓치지 말아야 한다.

한편, 저자가 창업분야에서 일한 경험을 토대로 언론을 활용한 홍보방법을 제시하면 다음과 같다. 사실, 일부 벤처기업들 중에는 언론에 기사 외에 다른 수단으로 접근하는 경우가 많은데 그것은 잘못된 것이며, 평생 동안 함께 갈 좋은 친구를 사귄다는 마음으로 언론에 접근하는 것이 좋을 것이다.

① 언론에게는 좋은 기사를 준다는 생각을 가져야 한다.

② 회사에서 신제품 및 신기술을 개발했거나 새로운 경영성과가 있을 때에는 보도자료를 작성하여 언론에 메일로 발송한다.

③ 창업기업의 사회적 책임을 생각하고, 이윤추구 외에도 사회적 활동에 적극 참여한다. 요즈음 많은 벤처기업에서도 공익적 활동에 참여함으로써 자사의 인지도 혹은 신뢰성을 높이는 활동에 적극 참여하고 있는 실정이며, 그렇게 함으로써 자연스럽게 언론에 노출될 수 있을 것이다.

4. 인적 판매

인적 판매(personal selling)는 판매를 하려는 목적으로 하나 혹은 그 이상의 예상 고객과 대화과정에서 구두로 상품을 제시하는 것을 말하는데(중소기업청, 1999. 10), 인적 판매 혹은 세일즈는 고객의 상품구입을 도와주는 소비자 지향적인 구매환경의 조성 활동이라고 할 수 있다. 예를 들어, 화장품, 보험, 자동차 등에서 인적 판매가 많이 이루어지고 있다.

한편, 브라이언 트레이시(2004)는 인적 판매의 주체로서 세일즈맨이 반드시 갖추어야 할 자세로서 다음과 같은 7가지를 제시하고 있다.

① 자신이 회사의 소유주라는 주인의식을 갖고 업무에 매진하며, 모든 일에 책임지는 자세가 있어야 한다.

② 상품과 서비스의 판매자가 아니라 고객의 문제를 해결해주는 컨설턴트의 자세를 갖추어야 한다.

③ 고객의 상황을 철저히 파악하고 가장 적절한 해결책을 제시하는 전문가의 자세가 있어야 한다.

④ 목표를 명확하게 설정하고 철저하게 준비하는 전략적 자세가 있어야 한다.

⑤ 업무를 효율적으로 처리해 반드시 목표시간에 완료할 수

있는 결과지향적인(result-oriented) 자세가 있어야 한다.

⑥ 업계 최고를 목표로 하여 끊임없이 노력하는 자세가 있어야 한다.

⑦ 고객을 비롯하여 주변 모든 상황에 세심하게 관심을 보이는 자세가 필요하다.

또한 브라이언 트레이시(2004)는 인적 판매를 위해 세일즈맨이 갖추어야 할 전략으로서 다음과 같은 10가지를 제시하고 있다.

① 명확한 가치관(sense of value)을 정립한다.
② 자신만의 비전을 설정한다.
③ 구체적인 사명서(mission statement)를 작성하여 미래를 준비한다.
④ 자신의 과거 · 현재 · 미래의 상황을 분석한다.
⑤ 상황분석을 토대로 성공에 핵심이 되는 요인을 발굴한다.
⑥ 지속적으로 기업의 전략과 시장 전반에 대해 분석한다.
⑦ 판매와 관련된 데이터베이스를 구축한다.
⑧ 단기 · 중기 · 장기목표를 설정하고 목표달성을 위한 구체적인 방법을 검토한다.
⑨ 성공에 대한 충분한 동기부여가 되어 있어야 한다.
⑩ 전략과 계획을 통합하고 이에 생활의 초점을 맞춰야 한다.

세일즈(sales)의 영문 이니셜

s = self-confidence(자신감)
a = appearance(용모)
l = listening(경청)
e = enthusiasm(열성)
s = service(봉사)

☞ 위에서 제시한 세일즈(sales)의 영문 이니셜(initial)은 모두 고객을 대하는 마음을 나타내는 용어들이라고 할 수 있다. 상대방, 즉 고객에 대한 이해와 배려가 있어야 한다는 것이고, 이를 통해 세일즈의 목적을 달성할 수 있다는 것이다(매경이코노미, 2004. 10. 20).

5. 판매촉진

판매촉진(sales promotion)이란 상품 수요를 증가시키기 위해서 수행하는 모든 활동이라고 할 수 있는데(네이버 백과사전, 100.naver.com), 대체적으로 상품 혹은 서비스에 대한 소비자의 구매 욕구를 자극하기 위한 단기적인 유인 내지는 자극책이라고 할 수 있다. 이러한 판매촉진을 위해 많이 이용하는 방법으로는 추첨, 경품권, 한정시간 할인 등이 있다.

하지만, 상품의 판매촉진 방법들은 창업분야 혹은 창업아이템에 따라 차별적으로 진행될 수 있다. 예를 들어, 외식창업분야에서는 아래와 같은 10가지의 판매촉진 도구들을 활용할 수 있을 것이다(송교수의 맛집경영이야기, blog.naver.com/weely9570).

(1) 시식 샘플링 (sampling)

메뉴를 고객들에게 알리는 가장 확실한 방법으로 소비자들에게 시식을 제공하는 판촉수단이다.

(2) 쿠폰 (coupon)

표시된 금액만큼 구매시점에 인하된 가격으로 구매할 수 있음을 보장하는 일종의 증서를 말한다.

(3) 리베이트(rebates) 및 리펀드(refund)

리베이트는 소비자가 레스토랑을 방문했다는 증빙서류를 보내면 일정기간 후에 구매가격의 일정액을 되돌려주는 형태의 판촉이며, 리펀드는 주로 제조업자가 행하는 판촉수단으로 제품 구매가격의 일부를 구매시점에 소비자에게 현금으로 되돌려주는 방식이다.

(4) 프리미엄(premiums)

자사메뉴를 구매한 고객에게 제공하는 추가적인 인센티브로서 무료로 혹은 매우 저렴한 가격으로 특정 메뉴를 선물, 사은품으로 제공하는 판촉수단이다.

(5) 광고용 판촉물의 제공

외식 기업명이나 업소 상표명이 들어간 선물을 소비자에게 제공하는 판매촉진방법으로 주로 사용되는 물품으로는 펜, 수건, 컵 등이 있다.

(6) 구매시점(point-of-purchase: POP) 촉진

외식 소비자가 메뉴를 선택하는 시점에 맞추어 수행하는 촉진방법으로서 특정 메뉴에 대한 구매시점 광고, 메뉴의 특별전시나 포스팅(posting) 등을 말한다.

(7) 콘테스트 (contest), 추첨 (sweepstake) 및 이벤트 (event)

콘테스트(경연)는 자신의 노력, 기지, 지식을 동원하여 어떤 문제를 해결하여야 보상이 주어지는 것이며, 추첨은 순전히 운에 의해 보상이 결정된다. 최근에는 다양한 이벤트들도 많이 개최되고 있는데, 이벤트는 판매촉진보다 상위수준의 활동으로 보는 경향도 있다.

(8) 보너스 팩 (bonus packs)

보너스 팩은 보다 큰 용기에 메뉴제품을 담거나 덤으로 더 많은 수를 패키지 속에 포함시킴으로써 더 많은 양의 제품을 정상가격으로 제공하는 것이다.

(9) 가격할인 (price-off deals)

가격할인은 소매가격을 일시적으로 인하시키는 형태의 촉진수단으로서, 일반적으로 메뉴에 할인율이 표시된다.

(10) 콘티뉴이티 (continuity)

흔히 말하는 마일리지를 말하며, 단골고객 보상이라고도 한다. 계속 구매하는 고객에게 혜택을 주는 제도이며, 자사의 메뉴를 지속적으로 구매하는 충성도가 높은 고객에게 보상을 해 준다는 성격이 강하다. 커피점이나 레스토랑에서 마일리지 제도를 도입하여 인기를 끌고 있는데, 이것이 바로 콘티뉴이티의 일종이다.

6. 홍보를 위한 인쇄물의 종류

요즈음 온라인(on-line)에서의 홍보가 다양하게 진행되고 있지만, 홍보를 위해서는 여전히 인쇄물의 제작 및 배포가 필요하다고 할 수 있다. 그것은 인쇄물은 갖고 다니면서 보관할 수 있으며, 필요할 때에 다시 꺼내 볼 수 있다는 장점이 있기 때문이다. 창업기업의 홍보를 위한 인쇄물의 종류는 다음과 같다.

6.1 명 함

명함은 성명, 주소, 연락처 등을 적은 소형 인쇄물을 말하는데, 이메일 주소 및 도메인을 반드시 포함시켜야 한다. 특히 이메일 및 도메인이 없는 경우에는 인터넷을 잘 활용하지 않는 사람으로 인식될 수 있다. 사람들을 만날 때마다 단순히 명함만 주고받지 말고, 30초 정도라도 간략하게 설명을 함으로써 자기를 확실하게 기억시키도록 하는 것이 좋을 것이다. 명함에 사진을 포함시키면 더 쉽게 그리고 오래 기억할 수 있을 것이다.

6.2 팸플릿, 브로셔 및 카탈로그

팸플릿(pamphlet)은 자사가 취급하는 상품이나 서비스에 대한 선전·계몽을 위한 소책자를 의미하며, 브로셔(brochure)는 팸플릿과 유사하나 상품보다는 주로 업무내용 등을 담는 소책자라고 할 수 있다. 또한 카탈로그(catalogue)는 상품이나 기업 소개를 위해 만든 인쇄물이며, 이외에도 다음과 같은 것들이 있다(최재희, 2003).

① 서큘러(circulars): 신문용지처럼 낮은 질의 종이에 인쇄하여 판매하는 상품을 소개하는 인쇄물을 말한다.
② 브로사이드(broadside): 단면에 컬러로 인쇄하여 한 장으로 판매상품 모두를 소개하면서 주로 절반 접어서 사용하는 인쇄물을 말한다.
③ 스터프(stuffers): 백화점이나 대형할인점 등에서 광고할 때 특정회사 제품의 설명문이 포함된 팸플릿을 제작하는 것을 말한다.

한편, 경기지방중소기업청(2003)에서는 팸플릿(pamphlet)을 디자인할 때에 다음의 규칙들을 명심할 것을 제안하고 있다.

① 당신의 목표를 정확하게 인식하고 거기에 팸플릿의 초점을 정확하게 맞추도록 한다.
② 시장에서 다른 것들로부터 당신의 제안을 차별화시켜 주는

것, 당신을 특별한 존재로 만드는 강점을 강조한다.

③ 당신이 해결할 수 있는 문제를 포함하여 고객이 행동하지 않으면 더 악화될 수 있는 문제 모두를 분명히 드러내어 강조한다.

④ 모든 특징을 이득의 형태로 바꾸도록 한다.

⑤ 상품의 중요한 특징과 그 상품의 구입으로 얻을 수 있는 이득을 자세하게 적도록 한다.

⑥ 당신의 독자가 당신의 상품으로부터 얻게 되는 이득을 스스로 추정할 수 있다고 가정하지 않아야 한다.

⑦ 팸플릿 자체로도 가치 있고 도움이 될 만한 자료를 포함시킨다. 그러면 당신의 자체고객은 물건을 구입하지 않더라도 팸플릿을 보관할 것이다.

6.3 간행물

정기 혹은 부정기 간행물을 발송하는 것은 비용이 많이 소요된다는 단점이 있지만, 고객에 대한 홍보 및 이미지 향상 혹은 충성도를 높이는 데 좋은 방법이 된다. 간행물은 컴퓨터와 전문 소프트웨어를 이용하여 쉽게 만들 수 있으며, 요즈음은 웹진(webzine, web magazine) 등과 같은 온라인 간행물을 발간할 수도 있을 것이다. 또한 요즈음은 이메일로도 간행물을 발송할 수 있는데, 무차별적으로 배포되는 스팸메일(spam mail)의 영향으로 인해 많은 수신자가 잘 읽지 않는다는 단점은 있다.

6.4 DM (Direct Mail)

다이렉트 메일(DM: direct mail)은 편지나 엽서, 안내장, 리플릿(leaflet), 카탈로그 등의 인쇄물 또는 샘플 등을 오프라인 상에서는 우편물 형태로, 그리고 인터넷 상에서는 사용자의 의사에 따라 쿠폰이나 안내문, 편지 등 직접 인쇄할 수 있는 형태로 발신자의 목적에 맞게 특정 고객들에게 전달하는 커뮤니케이션 수단을 말한다. 먼저, DM의 특성은 다음과 같다(경기지방중소기업청, 2003; 최재희, 2003).

① DM은 선택성이 강하고 주목도를 높여주며 읽을 확률이 높다.
② DM은 조사매체로 활용할 수 있다.
③ DM은 경제적인 광고매체로 예산에 따라 탄력적으로 조정하여 실행할 수 있다.
④ DM은 시간적 탄력성이 크다.
⑤ DM은 자유성이 있으며 융통성이 있다.
⑥ DM은 즉시성이 있으며, 효율성이 높고 효과가 지속적이다.
⑦ DM은 비밀성이 있으며 인간성이 있다.
⑧ DM은 쉽게 만들 수 있으며 수정이 간편하다.
⑨ DM은 종이의 크기와 품질 · 색깔에 제한이 없다.

⑩ DM은 소비자의 눈을 독점할 수 있다.

경기지방중소기업청(2003)에서는 DM의 효과를 다음과 같이 설명하고 있다.

① 인간의 체온을 느끼게 하는 판촉수단이다. 즉, DM은 고객의 개성과 특성 또는 환경적 여건에 따라 마음대로 내용과 정보를 컨트롤할 수 있는 특징이 있다.
② 고객의 욕구가 발생하는 시점에 타이밍을 맞출 수 있다. DM은 고객의 특별한 날에 맞추어 보냄으로써 그 효과를 극대화할 수 있다.
③ 판매원 역할을 대신한다. 즉, 일손이 부족하고 시간이 충분하지 못한 경영자에게 손발의 역할을 대신해 줄 수 있는 것이 바로 DM이라는 것이다.
④ 소비자의 주의집중도를 높여준다. 끝까지 읽는 전단은 별로 없지만 끝까지 읽는 DM은 많다는 점에서 DM의 효과는 크다고 할 수 있으며, 그로 인해서 DM의 내용이 충실해야 함은 필수적인 전제조건이라고 할 수 있다.

한편, DM은 다음과 같은 방법으로 배포할 수 있다(중소기업청, 2003).

① 우편물을 이용하여 배포한다. 이 경우, 대량의 DM 발송시 비용이 많이 들기 때문에 다소 경제적인 부담이 있으나, 특정인에게 우편물로서 전달되기 때문에 90% 이상이 읽혀지

므로 광고 효과가 매우 크다.

② 아파트 등 주거 밀집지역에 아르바이트 사원 등을 동원하여 대상 고객의 우편함에 직접 투입한다.

③ 대상 고객의 가정을 방문하여 배포한다.

④ 전시회 등 행사장에서 배포할 수도 있다.

6.5 전 단

전단은 홍보 및 광고를 목적으로 배포되는 한 장으로 된 상업용 인쇄물을 말하는데, 불황일수록 신문 사이에 전단이 많이 끼워서 오는 것을 볼 수 있다. 전단을 배포할 때에는 막연히 전단만 배포하지 말고 무엇인가 고객이 받아서 읽을 수 있도록 하는 것이 필요할 것이다. 예를 들어, 전단의 귀퉁이에 할인쿠폰을 함께 인쇄하는 것도 좋은 방법이 될 수 있으며, 간단한 설문지를 작성하면 선물을 주는 등의 전략이 필요할 것이다. 전단 제작에 있어 광고주가 고려할 사항은 다음과 같다(경기지방중소기업청, 2003).

① 점포의 상황을 실제보다 과장하지 않았는가?

② 광고와 판매를 연결시켜 생각하고 있는가?

③ 목표가 명확한가?

④ 소비자의 주의와 흥미를 끌 수 있는가?

⑤ 생활에 유익한 뉴스인가?

⑥ 개성, 특성이 있는가?

⑦ 상대방의 욕구를 유발시킬 만한 매력이 있는가?

⑧ 미래지향적인가?

⑨ 친밀감을 느낄 수 있는가?

⑩ 자극적인 아이디어가 준비되어 있는가?

⑪ 지속적인 전단배포로 누적효과를 누릴 수 있는가?

6.6 스티커

스티커(sticker)는 인쇄되어 있는 뒷면의 종이를 벗겨 목적한 장소에 붙일 수 있도록 종이 사이에 접착 처리되어 있는 인쇄물을 말하는데, 배달업종에서 많이 사용한다. 스티커에 전화번호뿐만 아니라 홈페이지의 주소도 포함시키는 것이 필요할 것이다.

7. 홍보 및 광고의 통합적인 관점

앞에서 다양한 홍보 및 광고 방법에 대해 설명을 하였는데, 조금 더 세분하여 생각해 보면 홍보와 광고는 〈표 1-1〉과 같이 4가지의 유형으로 분류할 수 있다. 즉, 기업에서 SNS를 활용하여 홍보와 광고를 진행하고 상품판매를 하기 위해서는 통합적인 관점에서 홍보와 광고를 계획하고 진행하는 것이 필요하다는 것을 의미한다.

[표 1-1] 홍보와 광고의 분류

	홍보	광고
온라인(on-line)	온라인(on-line) 홍보	온라인(on-line) 광고
오프라인(off-line)	오프라인(off-line) 홍보	오프라인(off-line) 광고

또한, 〈표 1-1〉에 지역(국내 혹은 해외)이라는 개념을 포함시킨다면, 홍보와 광고는 〈표 1-2〉와 같이 8가지 유형으로 구체화시킬 수 있다. 이러한 8가지의 홍보 및 광고방법 중에서 기업의 SNS 마케팅 전략 및 예산 등을 고려한 후에 몇 가지에 집중하면 될 것이다.

[표 1-2] 지역 개념을 포함한 홍보와 광고의 분류

국내 / 해외	홍보	광고
온라인(on-line)	온라인(on-line) 홍보	온라인(on-line) 광고
오프라인(off-line)	오프라인(off-line) 홍보	오프라인(off-line) 광고

① 국내-온라인(on-line) 홍보

② 국내-온라인(on-line) 광고

③ 국내-오프라인(off-line) 홍보

④ 국내-오프라인(off-line) 광고

⑤ 해외-온라인(on-line) 홍보

⑥ 해외-온라인(on-line) 광고

⑦ 해외-오프라인(off-line) 홍보

⑧ 해외-오프라인(off-line) 광고

한편, 인터넷 및 스마트폰의 보급이 급속하게 증가하면서, 온라인 홍보와 광고가 크게 늘어나고 있는 실정이다. 또한 스마트폰에서 활용할 수 있는 다양한 SNS의 등장으로 인해 SNS는 인맥형성의 범위를 넘어 홍보, 광고 및 상품판매의 목적으로 활용되고 있기 때문에, 창업기업에서는 이러한 환경변화에 신속하게 적응하는 것이 필요할 것이다.

제 2 장

SNS를 활용한 홍보, 광고 및 상품판매

1. SNS의 개념 및 종류
2. SNS의 활용 및 상품판매

1. SNS의 개념 및 종류

1.1 SNS의 개념

SNS(Social Network Service, 소셜 네트워크 서비스)는 온라인 인맥구축 서비스이다. 즉, SNS는 1인 미디어, 1인 커뮤니티, 개인 간의 정보 공유 등을 포괄하는 개념이며, 참가자가 서로에게 친구를 소개하여, 친구관계를 넓힐 것을 목적으로 개설된 커뮤니티형 웹사이트라고 할 수 있다(위키백과, ko.wikipedia.org). 또한, 보이드와 엘리슨(Boyd & Ellison, 2007)은 SNS를 "개인들로 하여금 특정 시스템 내에 자신의 신상 정보를 공개 또는 준공개적으로 구축하게 하고, 그들이 연계를 맺고 있는 다른 이용자들의 목록을 제시해 주며, 나아가 이런 다른 이용자들이 맺고 있는 연계망의 리스트, 그리고 그 시스템 내의 다른 사람들이 맺고 있는 연계망의 리스트를 둘러볼 수 있게 해주는 웹 기반의 서비스(web-based services)"라고 정의하였다.

이러한 SNS에 대한 다양한 정의들을 종합적으로 고려할 때, SNS는 먼저 인맥형성을 목적으로 개설된 웹 사이트에서 공통의 관심이나 활동을 지향하는 일정한 수의 사람들이 일정한 시간 이상 공개적으로 또는 비공개적으로 자신의 신상 정보를 드러내고 정보 교환 및 교류를 수행함으로써 대인관계망을 형성토록 해 주는 웹 기반의 온라인 서비스로 정의될 수 있다. 따라서, SNS(소셜 네트워크 서비스)는 오프라인(off-line)에 있는 창업자의 점포뿐만 아니라 인터넷쇼핑몰, 오픈마켓(open market) 등과 같은 다양한 온라인(on-line) 전자상거래 사이트들에 대한 홍보 및 광고를 진행하기 위해서 매우 유용하게 활용될 수 있다. 또한 창업자가 운영하고 있는 소셜 네트워크 서비스뿐만 아니라 다른 사람들이 운영하고 있는 SNS를 통합적으로 활용하여 창업자가 목표로 하는 홍보, 광고 및 상품판매를 효과적으로 진행할 수 있는 장점이 있다.

1.2 SNS의 종류

(1) 협의의 관점에서 본 SNS

협의의 관점에서 생각할 수 있는 대표적인 소셜 네트워크 서비스(social network service)의 종류는 아래와 같다.

① 트위터(www.twitter.com)

② 페이스북(www.facebook.com)

③ 구글플러스(plus.google.com)

④ 한국어트위터(www.twtkr.com)

이러한 사이트들에 가입하여 효과적인 활용방법을 습득한 후에 어떻게 사용하는 것이 홍보, 광고 및 상품판매에 도움이 되는지를 파악하는 것이 필요한데, 최근에는 소셜 네트워크 서비스의 이용자가 급속하게 증가하고 있는 실정이다. 예를 들어, 트위터 및 페이스북은 페이지뷰 기준으로 2010년 1월에서 2011년 8월까지 수십배 이상 트래픽이 증가하고 있는 것으로 조사되었다(뉴스토마토, 2011. 9. 16.). 이러한 통계는 SNS를 이용하고 있는 사람들이 크게 증가하고 있다는 것을 설명하고 있으며, SNS는 인맥형성의 차원을 넘어 상품판매 등의 비즈니스적인 목적으로도 충분히 활용될 수 있다는 것을 의미하기도 한다.

위에서 구글플러스는 카테고리(category)를 만들어서 운영할 수 있는데, 일반적인 홈페이지에 있는 게시판에 해당된다. 또한 페이스북에서 사용할 수 있는 노트(notes)가 게시판의 역할을 담당한다.

(2) 광의의 관점에서 본 SNS

아직도 많은 사람들은 SNS를 트위터, 페이스북 등을 중심으로만 생각하는 경향이 있는데, 온라인(on-line)에서 인맥의 형성, 교류 및 정보교환 등을 조금 더 넓은 관점에서 생각해 보면 아래의 웹 사이트들도 SNS의 범위에 직·간접적으로 포함시킬 수 있다.

(가) 카페 (cafe)

다음(Daum)과 네이버(Naver)에서 누구나 무료로 개설할 수 있는데, 카페는 커뮤니티형 SNS라고 할 수 있다. 즉, 특정 주제 혹은 이슈에 관심이 있는 사람들이 하나의 커뮤니티(community)를 형성하여 회원들이 상호 교류하면서 유익한 정보를 공유하고, 상호 인맥을 형성하고, 제휴와 협력도 하게 된다. 저자가 개발하여 운영하고 있는 3개의 카페를 소개하면 다음과 같은데, 카페에서 어떤 SNS의 요소들이 사용되고 있는가를 살펴보는 것도 좋을 것이다.

① (Daum)뉴비즈니스연구소(http://cafe.daum.net/isoho2jobs)

② (Naver)뉴비즈니스연구소(http://cafe.naver.com/ihavetwojobs)

③ 월성성당(http://cafe.daum.net/wscatholic)

(나) 블로그 (blog)

1인 미디어의 형태로 운영이 되고 있지만, 댓글과 스크랩 기능 등을 활용하여 상호 교류를 할 수 있는 SNS의 요소를 갖고 있다. 최근에는 블로그를 활용한 광고 및 상품판매도 점차 확대되고 있는 실정이다. 저자가 개발하여 운영하고 있는 4개의 블로그를 소개하면 다음과 같은데, (Daum)블로그에만 지금까지 149,267명과 인맥을 형성하였다.

① (Daum)블로그(http://blog.daum.net/newbiz2001)

② (Naver)블로그(http://blog.naver.com/newbiz2001)

③ (구글)블로그(http://newbiz2001.blogspot.kr)

④ (에이블)블로그(http://www.ablenews.co.kr/Blog/newbiz2001):

메인포스트 설정에서 특정 글(혹은 포스트)을 블로그의 메인에 설정할 수 있는데, 포토샵 및 HTML을 활용하여 기존 홈페이지와 같은 방식으로 운영할 수 있는 장점이 있다.

(다) 유튜브 (Youtube)

[그림 2-1]에서 보듯이, 유튜브의 My Channel 메뉴에서는 본인이 등록한 모든 동영상(UCC)들을 관리할 수 있으며, 공유 및 댓글 등을 활용하여 다른 사람들과 인맥을 형성하거나 유익한 정보들을 공유할 수 있는 SNS의 요소를 갖고 있다. 예를 들어, 유튜브에 있는 저자의 My Channel(https://www.youtube.com/user/newbiz2001/videos)을 보면, 295명의 구독자들이 있는데, [구

[그림 2-1] 유튜브의 My Channel
(http://www.youtube.com/user/newbiz2001/videos)

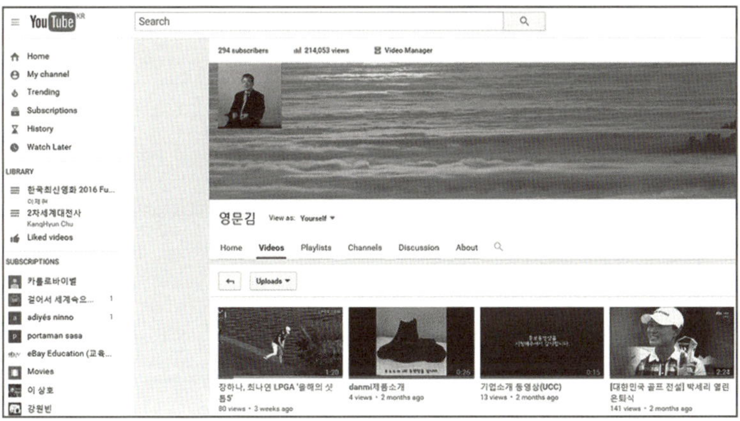

독자]를 클릭한 후에 댓글, 메시지 등을 활용하여 구독자들과 인맥형성 및 교류를 할 수 있는 SNS의 요소가 있다. 또한 관심이 있는 동영상에 대해 구독(subscribe)을 함으로써 유튜브의 동영상 등록자들과 인맥을 형성할 수 있으며, 메시지도 서로 주고받을 수 있다.

(라) 윅스 (www.wix.com)

[그림 2-2]에서 보듯이, 윅스는 포토샵 및 HTML을 활용하여

[그림 2-2] WIX를 활용한 홈페이지
(http://sohokorea.wixsite.com/sohokorea)

홈페이지를 간단하게 만들 수 있으며, 무료라는 장점이 있다. wix유저(cafe.naver.com/diywebsite)에서는 wix를 사용하여 홈페이지를 만드는 방법에 대한 강의 자료도 제공하고 있는데, 아직은 윅스(wix) 사용자가 많지 않다는 한계가 있다. 지금까지는 카페(cafe), 블로그(blog), 페이스북 페이지로 만든 홈페이지가 홍보와 광고라는 측면에서는 윅스(wix)에 비하여 오히려 더 효과적이라는 것이 저자의 판단이다. 또한 아래의 사이트들에서는 윅스(wix)를 활용한 홈페이지를 제작해 주고 있으며, 홈페이지의 제작에 대한 다양한 정보들도 제공하고 있다.

① 에듀캐스트(educast.pro): WIX(윅스)로 홈페이지 만들기에 대한 동영상 강좌를 제공하고 있다.
② 에어클래스(www.airklass.com): WIX(윅스)로 홈페이지 만들기에 대한 동영상 강좌를 제공하고 있다.
③ 윅스홈페이지 제작(www.wixweb.net): 윅스홈페이지를 제작해 주는 기업이다.
④ 아이티동스쿨(itsdong.com): WIX(윅스)로 홈페이지 만들기에 대한 동영상 강좌를 제공하고 있다.

(마) 스토어팜 (storefarm)

네이버(Naver)가 쇼핑몰과 블로그의 장점을 결합하여 개발한 새로운 쇼핑몰 구축 솔루션이며, 스토어팜 판매자센터(sell.storefarm.naver.com)에서 누구나 무료로 쇼핑몰을 개발할 수 있다. 또한 판매자센터의 [메뉴얼 다운로드] 메뉴에서는 아래와 같이 7가지의 메뉴를 제공하고 있다. [그림 2-3]은 스토어팜을 활용한 창업사례 르베르나인(storefarm.naver.com/lebernine)을 보여주고 있다.

① 상품관리
② 판매관리
③ 정산관리

[그림 2-3] 스토어팜 르베르나인(storefarm.naver.com/lebernine)

④ 혜택관리

⑤ 기획전 관리

⑥ 스토어팜 관리

⑦ 판매회원

한편, 포털사이트 네이버(Naver)에서 "storefarm.naver.com"으로 검색해 보면, 다양한 종류의 스토어팜을 확인할 수 있다. 따라서 예비창업자들은 다양한 스토어팜들에 접속하여 홍보, 광고 및 상품판매를 위한 활용가능성을 검토해 보는 것이 필요할 것이다.

2. SNS의 활용 및 상품판매

지금까지 SNS의 목적이 주로 인맥형성 및 교류, 정보공유 등이었다면, 최근에 SNS는 상업적인 목적으로 그 활용성을 넓혀가고 있는 실정이다. 즉, 단순히 친목 목적의 인맥형성에서 형성된 인맥들을 대상으로 하는 비즈니스의 추구가 부가되어, 결국 SNS는 상품판매를 위한 홍보와 광고, 그리고 결제기능이 부가된 전자상거래의 형태로 발전하고 있다.

① 홍보
② 광고
③ 상품판매
④ 제휴와 협력
⑤ 기타

이와 같이 SNS는 홍보와 광고뿐만 아니라 상품판매의 목적으로도 충분히 활용할 수 있는데, SNS 사이트에서 직접 상품판매를 할 수도 있고, SNS를 상품판매 사이트들과 연계시켜 상품을 판매하도록 활용할 수도 있다.

2.1 직접 상품판매가 가능한 SNS

기업에서 보면 SNS는 단순히 인맥형성 및 정보교환의 차원을 넘어서 상품판매가 되어 매출을 올리기 위한 수단이 되어야 하는데, SNS에서 직접 상품을 판매할 수 있는 방법은 아래와 같다.

(1) 페이스북 (www.facebook.com)

페이스북에서 판매/구매 그룹을 만들거나 샵 섹션(Shop Section)을 활용하여 상품을 판매할 수 있다.

(2) 다음 (Daum) 및 네이버 (Naver) 카페

카페에서 상품판매게시판을 추가하여 상품판매를 할 수 있는데, 무통장 입금, 실시간 계좌이체, 신용카드 결제가 가능하도록 개발되어 있다.

(3) 스토어팜 (storefarm)

네이버(Naver)가 쇼핑몰과 블로그의 장점을 결합하여 개발한 새로운 쇼핑몰 구축 솔루션이며, 스토어팜 판매자센터(sell.storefarm.naver.com)에서 무료로 개설할 수 있다.

(4) 윅스 (wix)

윅스(wix)에 온라인 쇼핑몰을 직접 개설하여 상품을 판매할 수 있으며, "eBay eCommerce" 앱을 추가하여 이베이(eBay)에 등록되어 있는 본인의 상품들을 윅스(wix)에서 판매할 수 있다.

2.2 연계방식에 의한 간접 상품판매가 가능한 SNS

SNS에서 독립적으로 상품을 판매할 수는 없지만, 다양한 외부 사이트를 연계시켜 상품을 판매할 수 있는 방법들은 아래와 같다.

(1) 블로그(blog)에서 INIP2P와 연계한 상품판매

INIP2P(www.inip2p.com)는 국내 최초로 개발된 개인간 안전거래 중계 모듈이다. 즉, INIP2P 서비스는 카페와 블로그 등의 개인 웹사이트에서 상품을 판매할 때에 사용할 수 있는 솔루션이며, 신용카드, 계좌이체, 무통장입금의 3가지 지불수단을 활용할 수 있다. 이에 따라 HTML 명령어를 사용할 수 있는 블로그에 상품을 등록한 후에 상품대금은 INIP2P와 연계시켜 결제할 수 있다.

(2) 유튜브(Youtube)에서 전자상거래 사이트와 연계한 상품판매

유튜브에 판매하고자 하는 상품에 대한 홍보 동영상(UCC)을 등록한 후에 코멘트(Comments) 부분에 해당 상품을 판매하는 전

[그림 2-4] 유튜브에서 인터넷쇼핑몰로 연결시켜 상품판매하기

자상거래 사이트의 주소를 등록하면 된다([그림 2-4] 참조). 전자상거래 사이트는 인터넷쇼핑몰뿐만 아니라 옥션의 스토어(store), G마켓의 미니샵(minishop) 등을 활용할 수 있다.

제 3 장

SNS 홍보, 광고 및 상품판매를 위한 HTML과 포토샵 실무

1. HTML의 이해
2. 포토샵으로 상품이미지 만들기
3. 이미지를 서버에 등록하기

창업자가 판매하고 있는 상품과 서비스를 효과적으로 홍보하거나 광고하기 위해서 반드시 알아야 하는 것이 바로 HTML과 포토샵(Photoshop)이라고 할 수 있다. 예를 들어, 최근 오프라인(off-line)에 비하여 온라인(on-line)에서 진행되고 있는 홍보와 광고가 지속적으로 증가하고 있는 실정이며, SNS 홍보와 광고를 제대로 진행하기 위해서는 HTML과 포토샵을 효과적으로 활용하는 것이 중요하다고 할 수 있다.

1. HTML의 이해

인터넷을 활용하여 돈을 벌고 싶은 창업자가 반드시 알아야 하는 것 중의 하나는 바로 HTML인데, HTML은 HyperText Markup Language의 약어로서 홈페이지, 인터넷쇼핑몰 등에서 웹 문서를 만들기 위하여 사용하는 기본적인 프로그래밍 언어의 한 종류이다(김석주, 1997. 2. 20).

예비창업자들이 알아야 하는 필수 HTML 명령어들은 아래와 같은데, 아래의 HTML 명령어들을 자유롭게 활용할 수 있으면 충분하다. 다만, HTML 명령어를 공부할 때에 사전에 알아야 하는 사항들은 아래와 같다.

① HTML 명령어는 대문자보다는 소문자로 작성하는 것이 좋다.

② 이미지 파일명은 한글보다는 영어 소문자로 하는 것이 좋다.

③ HTML 명령어를 사용할 때에는 띄어쓰기에 유의해야 한다.

④ HTML 실습을 하기 위해서는 다음(Daum) 혹은 네이버(Naver)의 카페(cafe) 및 블로그(blog)에서 [글쓰기]를 하여 HTML을 체크(☑)한 후에 HTML 명령어를 입력하고, [미리보기]를 클릭하여 실행결과를 확인하면 된다.

1.1 이미지 불러오기

```
〈img src="http://www.mis.or.kr/images/new_main_13.gif"〉
```

위의 HTML 명령어는 웹사이트(www.mis.or.kr) 내의 폴더(images) 안에 저장되어 있는 이미지 파일(new_main_13.gif)을 불러와서 웹브라우저(Internet Explorer) 화면에서 보여달라는 의미로 해석할 수 있다. 옥션, G마켓 등의 오픈마켓에서의 상품 등록에서 상세정보를 만들 때에 사용하는 명령어로서, 상품이미지 호스팅 사이트에 상품이미지를 등록하면 파일경로가 자동으로 생성된다.

1.2 텍스트 혹은 이미지를 클릭했을 때에 특정 사이트로 링크하기

```
〈a href="http://www.mis.or.kr" target=win1〉
〈FONT COLOR=RED SIZE=3〉〈B〉사랑나눔회〈/B〉〈/FONT〉
〈/a〉
```

홈페이지, 카페(cafe) 혹은 블로그(blog)에서 텍스트(예: 사랑나눔회)를 클릭하면 웹사이트(www.mis.or.kr)로 링크시키는 명령어이다. 그런데 target=win1은 새로운 웹브라우저(Internet Explorer)

를 불러와서 웹사이트(www.mis.or.kr)로 링크시키라는 의미이다. 실습할 때에 target=win1을 삭제한 후에 실습해 보면 그 차이를 쉽게 알 수 있다.

〈FONT COLOR=RED SIZE=3〉〈B〉사랑나눔회〈/B〉〈/FONT〉라는 명령어를 해석해 보면, 사랑나눔회라는 글자를 붉은색(COLOR=RED)으로, 크기는 3으로, 그리고 진하게(B) 표시하라는 의미이다. RED 대신에 다른 컬러를 상징하는 단어, 3 대신에 다른 숫자, B를 삭제한 후에 사용해 보면 그 차이를 알 수 있다. 참고로 숫자 3은 한글과 컴퓨터 프로그램에서 10 폰트 크기에 해당된다.

```
〈a href="http://www.mis.or.kr" target=win1〉
〈img src="http://www.mis.or.kr/images/new_main_13.gif"〉
〈/a〉
```

또한 위와 같이 사랑나눔회라는 글자 대신에 이미지(new_main_13.gif)를 불러오는 명령어를 사용할 수 있는데, 이미지(new_main_13.gif)를 클릭하면 웹사이트(www.mis.or.kr)로 링크시키는 HTML 명령어이다. 즉, 텍스트(사랑나눔회)를 클릭할 수도 있고, 이미지(new_main_13.gif)를 클릭할 수도 있다는 것을 의미한다.

1.3 테이블 만들기

```
〈table border=1〉
〈tr〉
  〈td〉
    〈img src="http://www.mis.or.kr/images/booknewbiz.
     gif" width=270〉
  〈/td〉
  〈td〉
    〈img src="http://www.mis.or.kr/images/new_main_13.
     gif"〉
  〈/td〉
〈/tr〉
〈/table〉
```

[그림 3-1] table 명령어로 만든 테이블의 모양

booknewbiz.gif 이미지	new_main_13.gif 이미지

위의 명령어는 〈tr〉...〈/tr〉 명령어로 만든 한 줄로 된 테이블(table)에 〈td〉...〈/td〉 명령어를 이용하여 2칸을 만든 후에 〈img src> 명령어를 사용하여 이미지(booknewbiz.gif, new_main_13.gif)를 불러와서 각 칸에서 보여주는 명령어이다. 즉, [그림 3-1]에서와 같이 각 칸에서 이미지를 보여주게 된다. 또한 border=1의 의미는 테이블의 테두리를 1 픽셀(pixel)로 나타내라는 것이며, width=270은 이미지의 가로 폭을 270 픽셀로 하라는 의미이다. 만약에 이미지의 높이를 조절하려면 height=270과 같이 사용하면 된다.

① <tr>...</tr>: 한 줄을 만들 때에 사용한다.
② <td>...</td>: 한 줄 내에 있는 칸을 만들 때에 사용한다.

1.4 특정 게시판의 글 제목을 카페 메인에 배치한 후에 링크시키는 방법

카페(cafe)의 특정 게시판에 교류모임 혹은 행사에 대한 홍보 글을 등록한 후에 그 글의 제목을 카페 메인에 등록하고, 네티즌들이 글의 제목을 클릭하면 그 글의 내용을 볼 수 있도록 하는 것을 HTML 명령어로 만들 수 있다. 이것은 아래의 방법으로 할 수 있다.

① 텍스트를 클릭했을 때에 특정 사이트로 링크하기를 활용하면 된다. 아래에서 '사랑나눔회' 대신에 교류모임 혹은 행사제목 및 일정을 입력하면 된다.

```
〈a href=“http://www.mis.or.kr” target=win1〉
〈FONT COLOR=RED SIZE=3〉〈B〉사랑나눔회〈/B〉〈/FONT〉〈/a〉

〈a href=“http://www.mis.or.kr” target=win1〉
〈FONT COLOR=BLUE SIZE=3〉〈B〉창업교육〈/B〉〈/FONT〉 〈FONT
 COLOR=RED SIZE=3〉〈B〉12월 31일(토)〈/B〉〈/FONT〉
〈/a〉
```

② a href=“http://www.mis.or.kr”에서 따옴표 내에 게시판에 등록되어 있는 글의 제목 위에서 오른쪽 마우스를 클릭한 후에 속성을 선택하여 주소(URL)를 복사하여 입력하면 된다. 즉, 게시판에 등록되어 있는 글의 주소(URL)로 링크시키라는 것인데, 결국 그 글의 내용을 볼 수 있도록 한다.

③ target=win1은 없어도 되고 있어도 상관이 없다.

④ 앞에서 만든 HTML 명령어들을 활용하여 테이블(table)로 만들면 된다.

1.5 FIELDSET을 활용하여 글상자를 만들기

글상자를 만들어서 사용하기 위해서는 아래의 명령어들을 활용하며 된다. 특히 FIELDSET 내에서는 4곳의 green 대신에 신의 색깔로 사용하고 싶은 색깔의 영어단어 혹은 포토샵의 색상 피커에 있는 값(#옆의 기호) 및 선의 굵기를 표시하는 3px 대신에 다른 값을 입력하면 된다. 즉, 글상자를 만들기 위해 사용하는 4개 선의 색깔 및 굵기를 변경하여 사용하면 된다.

```
<FIELDSET style="BORDER-RIGHT: green 3px solid; PADDING-
 RIGHT: 4px; BORDER-TOP: green 3px solid; PADDING-LEFT:
 4px; PADDING-BOTTOM: 4px; BORDER-LEFT: green 3px solid;
 WIDTH: 100%; PADDING-TOP: 4px; BORDER-BOTTOM: green 3px
 solid; HEIGHT: 51px">
<TABLE width="100%" bgColor=white>
<TBODY>
<TR>
  <TD>
  … html 명령어를 넣는다 …
  </TD>
</TR>
<TR>
  <TD bgColor=white>
  … html 명령어를 넣는다 …
   </TD>
</TR>
</TBODY>
</TABLE>
</FIELDSET>
```

위에서 bgColor=white는 전체 테이블의 배경색을 흰색으로 하라는 의미이며, bgColor 명령어는 아래와 같이 사용할 수 있다.

① 〈TABLE bgColor=yellow〉: 전체 테이블(table)의 배경색을 yellow로 지정한다.

② 〈TR bgColor=yellow〉: 특정 줄(row)의 배경색을 yellow로 지정한다.

③ 〈TD bgColor=yellow〉: 특정 칸(column)의 배경색을 yellow로 지정한다.

한편, 일반적으로 FIELDSET을 활용한 글상자는 많이 사용되지 않으며, 아래와 같이 테이블(table) 명령어를 사용하여 만들어도 된다. 테이블(table) 명령어를 사용하여 만들 경우에는 〈tr〉...〈/tr〉 명령어로 만든 한 줄로 된 테이블(table)에 〈td〉...〈/td〉 명령어를 이용하여 1칸을 만들면 된다.

```
〈table border=1〉
〈tr〉
   〈td〉 SNS 홍보, 광고 및 상품판매
   〈/td〉
〈/tr〉
〈/table〉
```

1.6 COLSPAN 및 ROWSPAN 명령어의 활용

테이블(TABEL)에서 특정 가로 줄 혹은 세로 줄의 일부를 합치는 경우에는 COLSPAN 및 ROWSPAN 명령어를 사용해야 한다.

① COLSPAN: colspan은 가로 줄을 묶는 기능이다. 예를 들어, colspan='2'는 셀 두 개가 하나로 합쳐지게 된다.

② ROWSPAN: colspan이 가로 줄을 합친다면, rowspan은 세로를 합치는 기능이다. 예를 들어, rowspan='2'는 위 아래의 칸을 하나로 합치게 된다.

```
<TABLE border=1>
<TR>
<TD width=100 height=100 COLSPAN=2> 1 </TD>
</TR>
<TR>
<TD width=100 height=100> 3 </TD>
<TD width=100 height=100 ROWSPAN=2> 4 </TD>
</TR>
<TD width=100 height=100> 5 </TD>
</TR>
</TABLE>
```

☞ 뉴비즈니스연구소(http://cafe.daum.net/isoho2jobs)의 [창업강의실+실습교육] 게시판에 있는 HTML 명령어들을 이용하여 스스로 공부하면 되며, 특히 81-82번의 〈FIELDSET〉을 활용한 사례를 활용하면 온라인 홍보 및 광고를 진행하는 데 많은 도움이 될 것이다.

2. 포토샵으로 상품이미지 만들기

SNS를 활용하여 홍보, 광고 및 상품판매를 하기 위해서는 포토샵에 대한 실무지식은 필수적이라고 할 수 있는데, 초보자들이 알아야 할 포토샵 실무지식을 아래에서 10가지로 나누어서 설명할 것이다(김영문, 2012).

2.1 작업창 만들기

① 새로운 이미지를 만들기 위하여 [그림 3-2]와 같이 작업창을 만들어야 한다.

② 이를 위해서 먼저 포토샵을 실행하고, 메뉴 중에서 [File]-[New]를 클릭한다.

③ 대화상자에서 작업에 필요한 가로, 세로 크기를 입력한다. 이때에 주의할 점은 반드시 픽셀(pixels)이라는 단위를 사용해야 한다는 것이다. 여기에서 포토샵 이미지를 이루는 가장 작은 단위인 네모 모양의 작은 점들을 '픽셀(pixel)'이라고 하는데, 픽셀은 영어로 그림(picture)의 원소(element)라는 뜻을 갖도록 만들어진 합성어이다. 우리말로는 '화소(畵素)'라고 번역한다(네이버 지식사전, terms.naver.com).

[그림 3-2] 작업창 만들기 화면

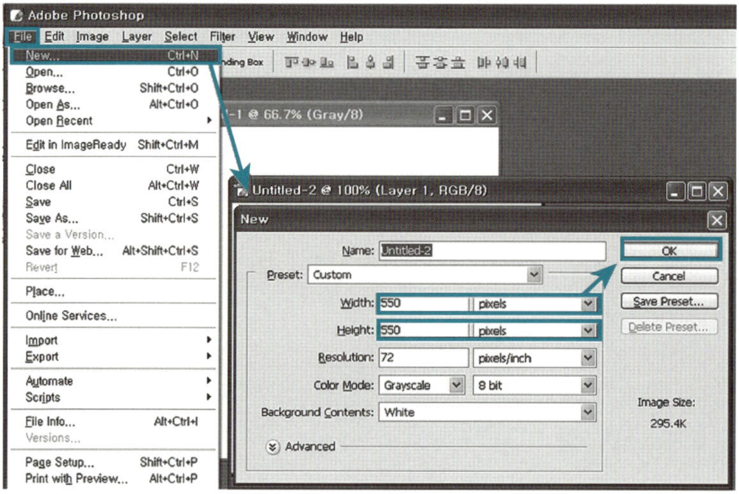

2.2 이미지 불러오기

① [그림 3-3]과 같이 작업에 필요한 이미지(혹은 직접 촬영한 사진)를 불러온다.

② 메뉴 중 [File]-[Open]을 클릭하여 이미지 파일을 찾아 열기를 클릭한다.

[그림 3-3] 이미지 불러오기 화면

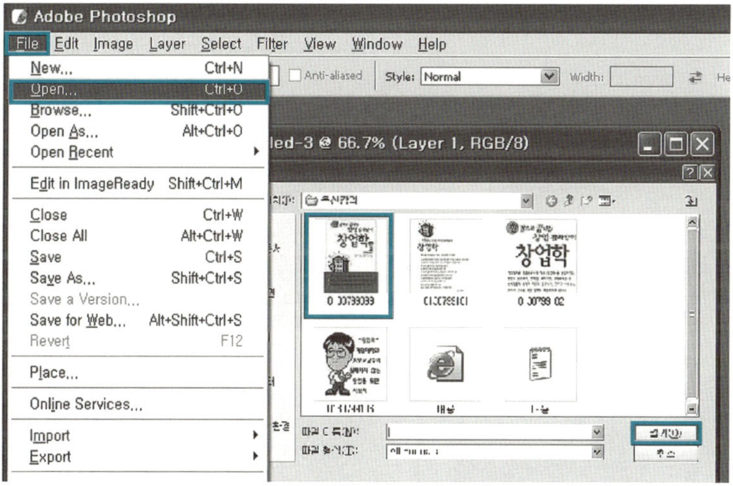

2.3 작업창에 이미지 붙이기

① [그림 3-3]에서 이미지를 불러온 원본 창을 선택한 후에 레이어 창에서 배경레이어를 선택한 상태에서 [그림 3-2]에서 새로 만든 이미지 창(작업창)으로 레이어를 드래그 앤 드롭(drag-and-drop)한다([그림 3-4] 참조).

② 혹은 복사를 원하는 부분을 선택한 후에 Ctrl+C키를 눌러서 복사하기를 하고, 새로 만든 이미지 창(작업창)을 선택하고 Ctrl+V키를 눌러서 붙이기를 해도 된다.

[그림 3-4] 작업창에 이미지 붙이기 화면

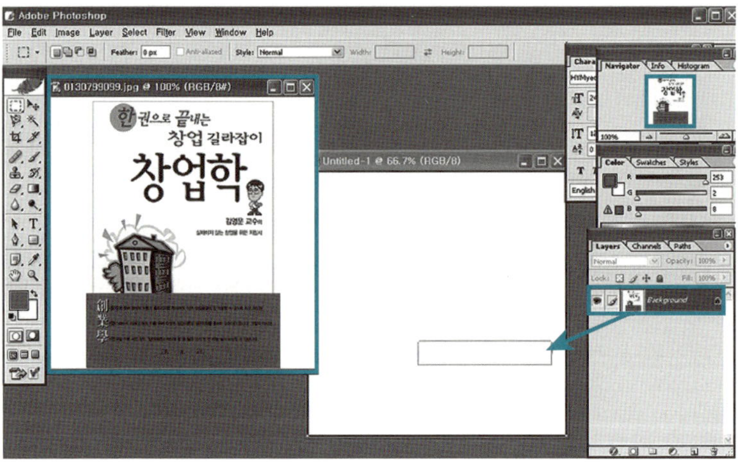

2.4 이미지 크기 조절하기

① 적용된 이미지 크기를 조절하기 위하여 메뉴 중 [Edit]-[Free Transform]을 선택한다.

② 단축키를 이용하려면 Ctrl+T를 누르면 된다.

③ 이미지에 조절점이 있는 사각형이 생긴다.

④ 조절점을 이용하여 이미지의 크기를 적당한 크기로 조정한다.

⑤ 이때 Shift를 누르고 마우스로 이미지의 크기를 조정하면, 가로-세로 비율이 일정하게 조정된다([그림 3-5] 참조).

[그림 3-5] 이미지 크기 조절하기 화면

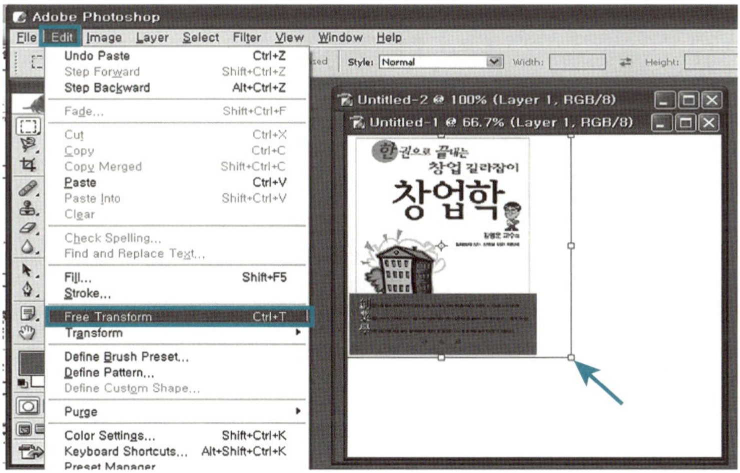

2.5 이미지 위치를 이동하기

이미지의 크기 조정이 완료되면, 툴바의 이동도구(▶✥)를 클릭하고 이미지를 선택한 후에 원하는 곳으로 이동시킨다([그림 3-6] 참조).

[그림 3-6] 이미지 이동하기 화면

2.6 이미지 저장하기

① 작업이 완료된 이미지를 저장한다([그림 3-7] 참조).

② [File]-[Save for Web...] 메뉴를 선택하여 원하는 폴더에 파일을 저장한다. 한편, 포토샵에서 이미지를 저장할 때에는 다음과 같이 3가지 방법으로 저장을 할 수 있다.

i) [File]-[Save]: 원본 파일을 저장할 때에 사용하며, 레이어가 그대로 보존된 PSD 파일로 저장되기 때문에 나중에 수정하여 사용할 수 있다. 포토샵 이미지 중에서 반드시 보관해야 하는 이미지라고 할 수 있다.

ii) [File]-[Save as]: JPG, GIF 등 다양한 형태로 저장할

[그림 3-7] 이미지 저장하기 화면

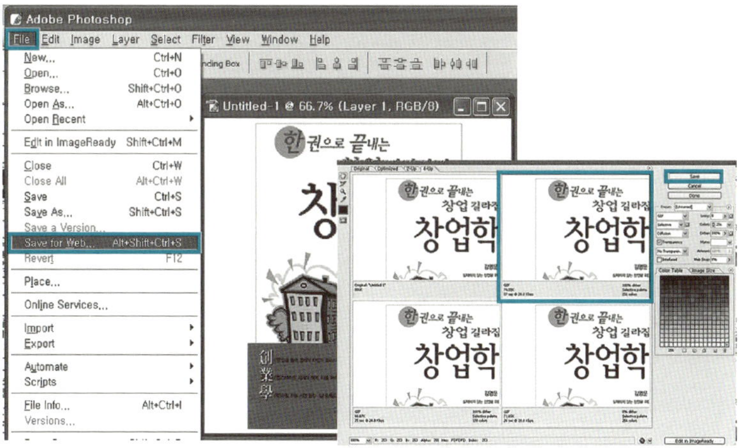

때에 사용하는데, 레이어가 배경으로 합쳐지기 때문에 저장한 후에는 레이어별로 수정할 수가 없다.

iii) [File]-[Save for Web...]: 용량이 다른 4가지 형태의 이미지를 보여주는데, 이 중에서 하나를 선택하여 저장할 때에 사용한다. 일부 웹사이트에서는 이미지의 용량을 제한하는 경우가 있는데, 이러한 웹사이트에 이미지를 등록할 때에 사용하게 된다.

2.7 텍스트 추가하기

포토샵으로 만든 이미지에 텍스트로 설명을 추가할 수 있도록 하는 것이 상품의 홍보와 판매에도 도움이 될 것이다. 텍스트를 적용하기 위해서는 아래의 방법으로 하면 된다.

① [그림 3-8]과 같이 툴바의 텍스트 도구(T)를 클릭한다.
② 텍스트를 입력할 위치의 범위를 정하여 드래그한다.
③ 커서가 나타나면 설명할 글자를 입력한다.
④ 색상 또는 글꼴, 크기를 변경할 필요가 있으면 글자를 드래그하여 블록상태로 만든 후 색상, 글꼴, 크기를 변경한다.

[그림 3-8] 텍스트 추가하기 화면

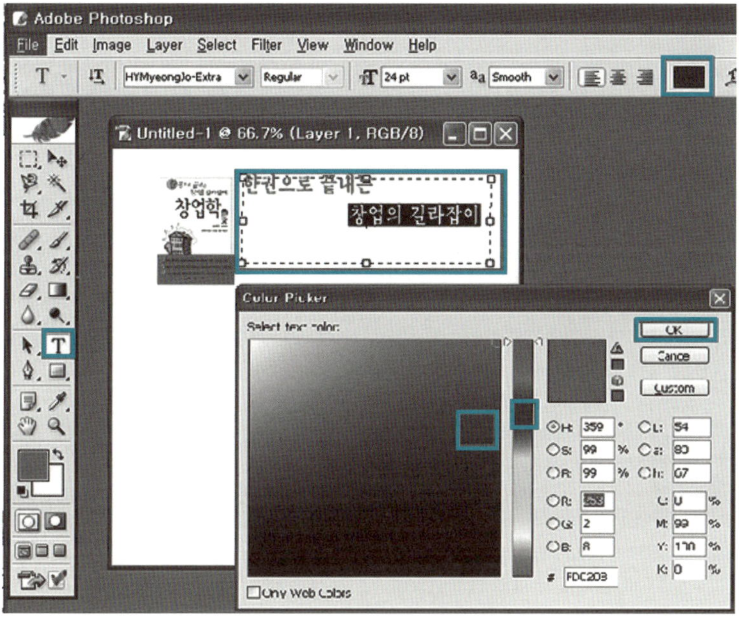

2.8 텍스트에 효과 주기

텍스트에 효과를 주는 것은 글자의 모양을 예쁘게 만드는 과정이라고 할 수 있는데, 주요 내용은 다음과 같다.

① 작업할 텍스트 레이어를 선택한 후에 레이어의 빈 여백 부분을 더블클릭한다([그림 3-9] 참조).

② 새로 나타난 레이어 스타일(Layer Style) 창에서 Drop

[그림 3-9] 텍스트에 효과 주기 화면

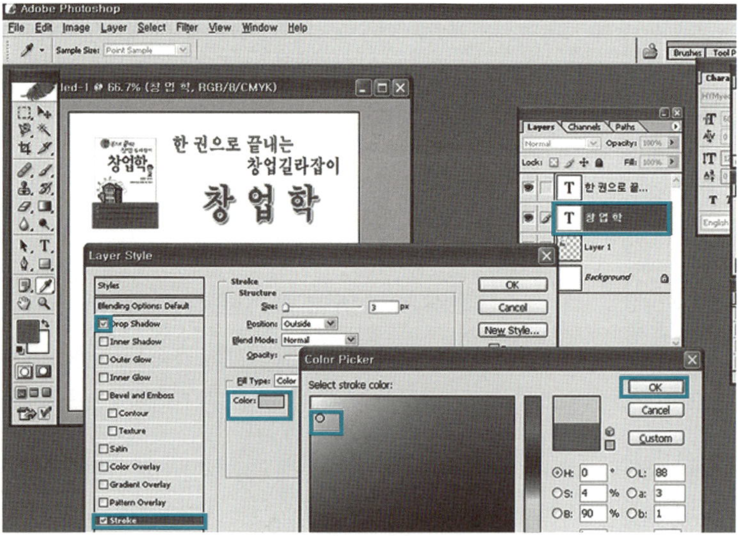

Shadow(그림자 효과)를 선택하여 텍스트에 그림자를 만들고, 그림자 때문에 글자가 보이지 않으면 제일 아래 Stroke(선)를 선택하고 테두리 색상을 설정한다.

③ Drop Shadow(그림자 효과)와 Stroke(선)만 잘 이용하여도 보다 효과적인 텍스트 이미지를 만들 수 있다.

④ 레이어 스타일(Layer Style) 창에서 여러 옵션들을 활용하여 텍스트에 다양한 효과를 줄 수 있다.

2.9 텍스트 적용하기

① [그림 3-10]과 같이 상품내용을 표시하기 위하여 툴바의 텍스트 도구(T)를 클릭하여 내용을 입력한다.

② 내용 입력을 완료하고, 수정할 필요가 있으면 수정할 텍스트 레이어를 선택한다.

③ 툴 바에서 텍스트 아이콘을 선택하여 이미지 위를 클릭하여 텍스트를 수정모드로 바꾼다.

④ 수정할 내용의 텍스트를 블록으로 설정한 후에 옵션바의

[그림 3-10] 텍스트 적용하기 화면

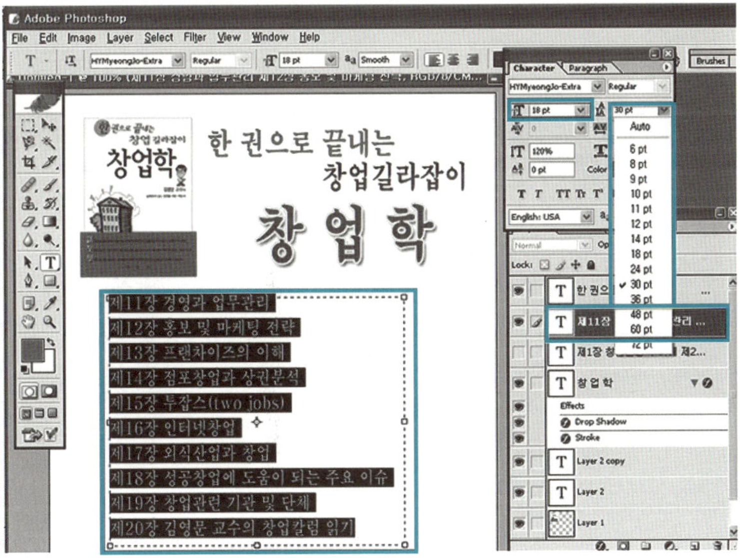

끝 쪽에 있는 문자 및 단락 팔레트( )를 이용하여 글자크기, 줄 간격 등을 보기 좋게 수정하면 된다.

2.10 이미지 조정하기

이미지 조정은 디지털카메라로 촬영한 상품사진의 색상을 조

[그림 3-11] 이미지 조정하기

정하는 것인데, [그림 3-11]에서와 같이 이미지 > 조정 하위 메뉴에서 다양한 명령을 선택하여 할 수 있다. 특히 곡선(V), 색상 균형(B)만 제대로 활용해도 밝으면서도 깔끔한 이미지를 만들 수 있다.

3. 이미지를 서버에 등록하기

뉴비즈니스연구소(http://cafe.daum.net/isoho2jobs)에 보면, 카페 메인에서 여러 종류의 이미지들을 활용하고 있다. 이를 위해서는 먼저 포토샵을 활용하여 다양한 이미지들을 만들어야 하며, 만든 이미지들을 이미지 호스팅(image hosting) 사이트에 등록한 후에 HTML 명령어를 활용하여 이미지를 불러와야 한다. 이것을 구체적으로 설명하면 아래와 같다.

① 포토샵(photoshop)으로 이미지를 만든다.

② 포토샵으로 만든 이미지를 이미지 호스팅 사이트에 등록해야 하는데, 일반적으로 이미지 호스팅 사이트는 매월 1-3만원을 지불하고 사용하는 유료 사이트들이다. 포털사이트에서 이미지 혹은 호스팅 사이트를 검색하면 쉽게 찾을 수 있으며, 아래의 사이트들도 이미지 호스팅 사이트와 같은 목적으로 무료로 사용할 수 있다.

i) tinypic(tinypic.com)

ii) Imgur(imgur.com)

iii) Fileslink(www.fileslink.com)

iv) postimage(postimage.org)

v) 드롭박스(www.dropbox.com)

[그림 3-12] 상품이미지 호스팅 사이트에서 파일경로 확인하기

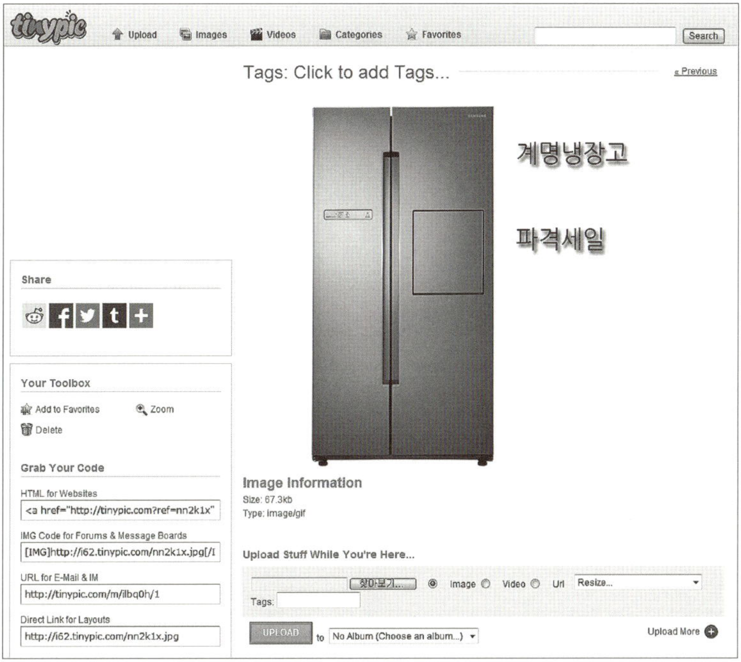

③ 호스팅 사이트에 이미지를 등록하면, 자동적으로 보여주는 파일경로(주소)를 복사하여 사용하면 된다. [그림 3-12]에서와 같이, tinypic(tinypic.com)에 상품이미지를 등록하면, 4가지의 파일경로(주소)를 확인할 수 있다.

i) HTML for Websites

ii) IMG Code for Forums & Message Boards

iii) URL for E-Mail & IM

ⅳ) Direct Link for Layouts

④ 또한 [그림 3-12]에서 냉장고 이미지 위에서 오른쪽 마우스를 클릭한 후에 [속성]을 클릭하면, 이미지의 파일경로(주소)를 확인할 수 있다.

☞ 창업자들은 위에서 언급한 상품이미지 호스팅 사이트에 등록된 상품이미지들을 외장형 하드 혹은 DVD를 활용하여 별도로 저장해 두는 것도 잊지 말아야 한다. 아울러, 포토샵으로 상품이미지를 만든 후에는 원본 파일(*.psd)을 반드시 보관하고 있어야, 필요할 때에 수정하여 사용할 수 있다는 것도 기억해야 한다.

제 4 장

페이스북을 활용한 홍보, 광고 및 상품판매

1. 페이스북을 활용한 홍보 및 광고
2. 페이스북을 활용한 상품판매

1. 페이스북을 활용한 홍보 및 광고

페이스북은 소셜 네트워크 서비스(Social Network Service: SNS) 중에서 가장 많이 사용되고 있는데, 이러한 페이스북을 활용하여 창업자의 점포 혹은 인터넷쇼핑몰 등을 홍보하기 위한 몇 가지 방법을 소개하면 다음과 같다([그림 4-1] 참조).

① 노트(앱)를 설치하여 홍보를 하면 좋은데, 노트(앱)는 일종의 게시판과 같은 기능을 갖고 있어서 다양한 글을 등록할

[그림 4-1] 페이스북의 개인 프로필

수 있으며 글의 맨 아래에는 창업자의 카페 주소를 입력하는 것도 필요하다. [그림 4-1]에서 [더 보기]를 클릭하면, 노트(앱)이 설치되어 있는 것을 확인할 수 있다.

② [이벤트]에서 [이벤트 만들기]를 클릭하여 모임, 교육 및 행사에 대한 정보를 등록할 수 있다.

③ [사진]을 클릭한 후에 사진뿐만 아니라 [사진/동영상 추가]를 클릭하여 홍보하고 싶은 내용에 대한 동영상(UCC)을 제작하여 등록할 수 있다.

④ [타임라인]은 일종의 [한 줄 메모장]과 같은 기능을 갖고 있는데, 수시로 홍보할 내용을 등록하면 된다. 또한 타임라인은 회원의 게시물이나 회원이 태그된 게시물이 날짜별로 표시되는 공간인데, 타임라인 상단이나 뉴스피드 둘 중 하나에서 홍보하고 싶은 게시물을 올릴 수 있다. 타임라인에 홍보할 게시물을 등록하는 절차는 다음과 같다.

i) 타임라인 상단이나 뉴스피드에서 공유하려는 소식 유형을 클릭한다(예: 상태, 사진/동영상, 중요 이벤트).

ii) 추가하려는 내용을 자세히 입력한다.

iii) 다음 기능도 함께 사용할 수 있다.

- 친구 태그
- 소식의 날짜 선택
- 위치 추가
- 사진 추가

• 회원님의 기분 또는 지금 하는 일 추가

ⅳ) 게시물의 공개 대상을 선택한다.

ⅴ) 게시를 클릭한다.

⑤ 페이스북의 경우에는 5천명까지만 연결할 수 있는데, 더 많은 사람들에게 홍보를 하기 위해서는 추가적으로 페이스북 아이디를 개설하거나 페이스북 페이지(facebook page)를 개설할 수도 있을 것이다.

한편, 페이스북의 개인 계정을 갖고 있는 경우에는 여러 개의 페이지를 만들 수 있는데, 페이스북 페이지(facebook page)는 회사, 브랜드 및 단체가 자신들의 소식을 공유하고 사람들과 연결할 수 있는 공간이라고 할 수 있다. 개인 프로필과 마찬가지로 페이지도 소식을 게시하거나 이벤트를 열거나 앱을 추가하는 등 다양한 활동을 통해 자유롭게 활용할 수 있다.

[그림 4-1]은 페이스북에서 개설한 저자의 개인 프로필인데, 이것은 비상업용이며 개별 사용자를 나타낸다. 관심이 있지만 친구를 맺지 않은 사람의 공개 업데이트는 프로필을 팔로우하여 확인할 수 있도록 하고 있다. 하지만, 페이스북 페이지(facebook page)는 개인 프로필과 비슷하지만 비즈니스, 브랜드, 단체를 위한 고유한 도구를 제공하고 있다. 페이지는 개인 프로필을 가진 사람들에 의해 관리되며, 페이지의 "좋아요"를 클릭하면 뉴스피드에서 업데이트를 볼 수 있다. 즉, 페이스북에 등록하는 사용자는 각자 하나의 계정과 로그인 정보를 가지며, 계정마다 개인 프

로필 1개가 포함되며 하나의 계정에서 여러 개의 페이지를 만들고 관리할 수 있다. [그림 4-1]에서는 개인 프로필에서 2개의 페이지를 만들었다는 것을 보여주고 있으며, [페이지 만들기] 메뉴도 확인할 수 있다.

① 맛따라 길따라

② 뉴비즈니스연구소

한편, 페이스북에서 광고를 하기 위해서는 다음과 같이 진행하면 된다.

① 왼쪽 상단에 있는 페이스북 로고(logo)를 클릭한다.

② [광고만들기]를 클릭한다.

③ [광고관리자]에서 광고를 만들면 되는데([그림 4-2] 참조),

[그림 4-2] 페이스북의 광고관리자

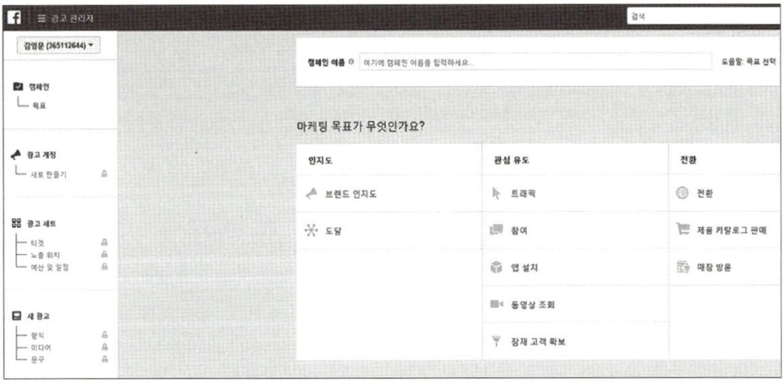

자세한 내용은 [광고 관리자에서 Facebook 광고 만들기]에서 설명하고 있다. [광고관리자] 페이지에 있는 [도움말]에서도 광고 만드는 방법에 대해 자세하게 확인할 수 있다.

2. 페이스북을 활용한 상품판매

페이스북은 2015년 말부터 미국 등 글로벌 시장에서 '샵 섹션' 서비스를 시작하였으며, 한국에서는 2016년 8월에 샵 섹션 서비스에 대한 테스트를 시작했다(한국경제, 2016. 9. 12). 또한 1인당 한 달에 평균 8시간 24분을 사용해 국내 스마트폰 앱(응용프로그램) 이용시간 점유율 1위를 달리고 있는 페이스북의 쇼핑 시장 진출로 모바일 쇼핑업계의 경쟁은 더욱 치열해질 것으로 전망되

[그림 4-3] 페이스북에서 [그룹만들기] 선택하기

고 있다. 한편, 페이스북에서 상품을 판매하는 방법은 다음과 같이 두 가지로 구분할 수 있다.

2.1 페이스북의 판매/구매 그룹 만들기

[그림 4-3]에서 보듯이, 페이스북의 개인 프로필에서 [그룹 만들기]를 클릭하고, [그림 4-4]와 같이 [판매/구매]를 선택

[그림 4-4] [그룹만들기]에서 [판매/구매] 선택하기

[그림 4-5] [판매/구매] 그룹 이름 입력하기

한 후에 [그림 4-5]와 같이 입력하면 [그림 4-6]과 같이 만들 수 있다.

한편, 페이스북에서 상품을 판매하기 위해서는, [그림 4-6]에서 보듯이, [판매하기]를 클릭하여 아래의 내용들을 입력하면 된다.

① 판매할 물건(상품명)

② 가격

[그림 4-6] 페이스북에서 개설한 판매/구매 그룹 [대구경북마트]

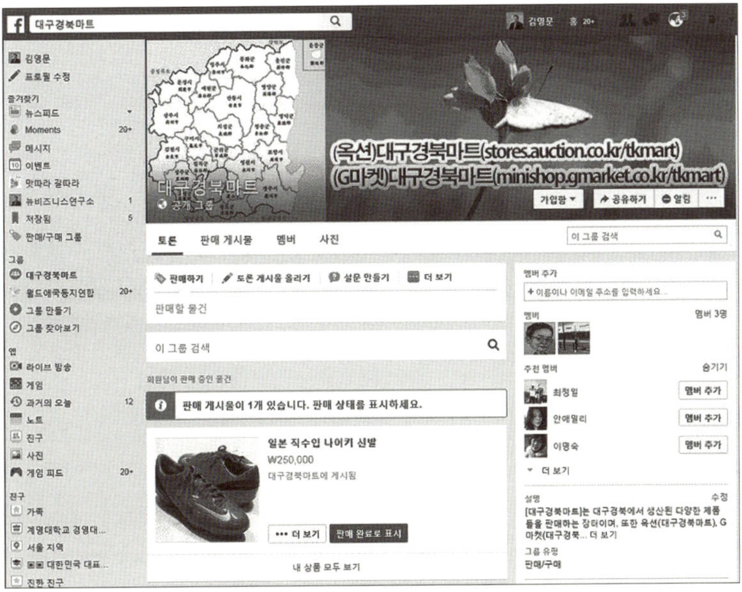

③ 물건 설명(상품에 대한 설명)

④ 사진 추가(상품 사진)

⑤ [게시]를 클릭하면 상품이 등록된다.

2.2 페이스북 페이지에서 샵 섹션 설정하기

기업과 단체 등이 운영하는 '페이스북 페이지' 관리자가 만들 수 있는데, [그림 4-7]에서 보듯이, 페이지 측면 탭에 있는 '샵

[그림 4-7] 페이스북 페이지에서 샵 만들기

섹션 추가' 버튼을 클릭하면 샵이 개설된다. 비용은 무료이다. 제품명과 가격, 상세 설명을 사진·동영상과 함께 올리면 제품이 소비자에게 노출된다(한국경제, 2016. 9. 12).

한편, 샵에 제품을 추가하여 판매하기 위해서는 [그림 4-8]에서 보듯이 5가지 내용을 입력한 후에 [저장]을 클릭하면 된다.

① 사진 혹은 동영상

② 상품명

[그림 4-8] 샵에 제품 추가하기

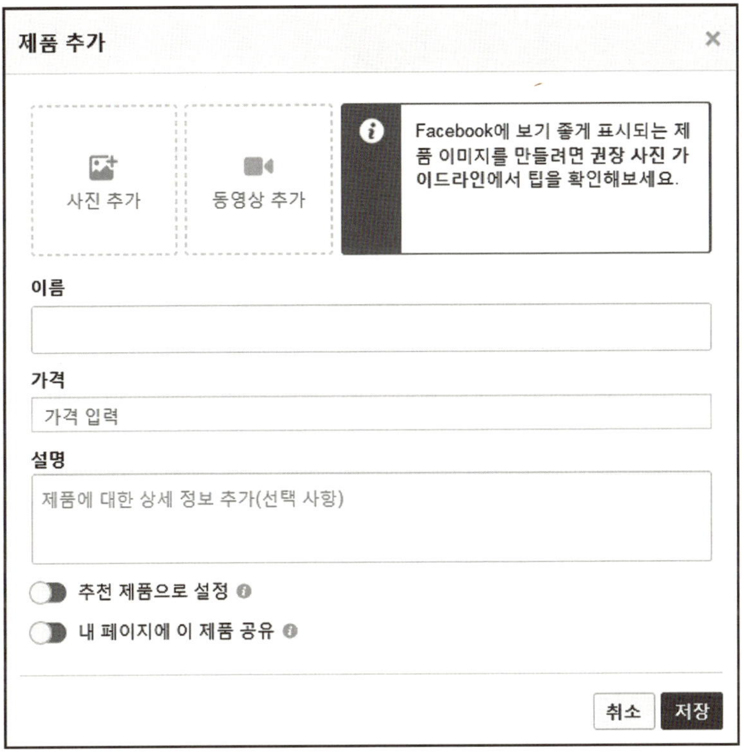

③ 가격

④ 상품 설명

⑤ 추천 제품으로 설정 및 내 페이지에 이 제품 공유

제 5 장

카페를 활용한 홍보, 광고 및 상품판매

1. 카페 만들기
2. 홈 꾸미기
3. 대문 꾸미기
4. 타이틀 꾸미기
5. 메뉴 관리
6. 카페관리 메뉴의 효과적인 활용
7. 스마트폰에 카페앱의 설치 및 홍보
8. 상품등록게시판을 활용한 상품판매

현재 카페(cafe)를 만들 수 있는 포털사이트는 다음(Daum)과 네이버(Naver)가 있는데, 창업이라는 관점에서 볼 때에 다음(Daum)과 네이버(Naver)에서 동시에 카페(cafe)를 개설하여 운영하는 것이 바람직하다. 본장에서는 먼저 다음(Daum)에서의 카페(cafe) 만들기를 중심으로 설명을 할 것이며, 네이버(Naver)에서의 카페(cafe) 만들기도 거의 동일한 방법으로 만들 수 있다. 또한, PC에서 카페를 만든 후 스마트폰에서는 카페앱을 설치하여 운영할 수 있으며, [상품등록게시판]을 활용한 상품의 등록 및 판매 방법에 대해서도 자세하게 설명할 것이다.

1. 카페 만들기

다음(Daum)의 카페 메뉴에서 [카페 만들기]를 클릭하여, 아래의 항목들에 대해 필요한 정보들을 입력하거나 일부 항목들에 대해서는 별도의 입력 없이 그냥 선택을 하면 된다.

(1) 카페이름

한글, 영문, 숫자, 기호를 사용하여 입력하면 된다. 예를 들어, 뉴비즈니스연구소 카페(cafe.daum.net/isoho2jobs)의 이름은 아래와 같다.

뉴비즈니스연구소▶무점포+재택창업+1인창업+소호창업

카페의 이름은 한글 외에도 기호(▶)를 사용할 수도 있는데, 기호 뒤에는 카페에서 제공하는 정보의 종류 혹은 카페의 특성을 나타낼 수 있는 단어들을 나열할 수도 있다. 그렇게 함으로써 카페의 목표 및 차별적인 성격을 분명하게 나타낼 수 있는데, 뉴비즈니스연구소 카페는 무점포 창업, 재택창업, 1인 창업, 그리고 소호창업을 지원하는 정보제공 및 창업교육, 행사 등의 활동을 하고 있다는 의미로 해석할 수 있다. 또한, 카페이름은 6개월마다 변경이 가능하며, 네이버(Naver) 카페는 3개월마다 이름을 변경할 수 있다.

카페의 이름을 변경할 수 있다는 것은 카페의 특성 혹은 활용 목적이 변경된다는 것을 의미한다. 예를 들어, 처음 카페를 만들 때에는 창업분야의 일을 생각하였지만, 나중에 관광을 목적으로 하는 카페이름으로 변경하여 활용할 수도 있다는 것을 의미한다.

(2) 주 소

주소는 영어 소문자를 사용하는 것이 좋으며, 영어단어들을 조합하여 사용하는 것이 필요하다. 즉, 카페의 주소를 보면서 그 카페의 특징을 알 수 있도록 하는 것이 좋다. 예를 들어, 뉴비즈니스연구소 카페의 주소로 사용되는 isoho2jobs는 "나(i)는 소호(soho)와 투잡스(2jobs)를 한다"라는 의미를 영어로 조합하여 만든 것이다.

(3) 공개 여부

카페를 활용한 홍보, 광고 및 상품판매가 목적이라면 반드시 공개로 설정해야 한다.

(4) 카테고리

카페의 종류를 선택할 수 있는데, 별로 중요하지는 않다. 즉, 아무것이나 선택해도 된다.

(5) 카페 검색어

네티즌들이 특정 검색어를 사용하여 검색을 했을 때에 카페가 검색될 수 있도록 하는 것이 필요한데, 공백문자 등 특수문자는 사용할 수 없다. 특히 검색어 뒤에 공백문자가 있으면, [카페 만들기]의 클릭이 되지 않기 때문에 주의해야 한다. 혹시라도 공백문자가 있으면 삭제키(Delete 키)를 사용하여 반드시 삭제를 해야 한다.

(6) 소개 글

무엇을 하는 카페인지 혹은 어떤 정보를 제공하는 카페인지를 알려주기 위해 사용한다. 다른 사람이 운영하는 카페에 가입하는 경우, 일반적으로 소개 글을 읽는 경우가 많기 때문에 정확하게 작성하는 것이 필요하다.

(7) 카페 스킨

원하는 스킨을 선택할 수 있으나, 반드시 선택할 필요는 없다. 카페 스킨은 나중에 [홈 꾸미기]에서 선택할 수도 있으며, 굳이 선택하지 않아도 상관은 없다.

(8) 보안문자

보안문자를 입력한다.

(9) [카페 만들기]를 클릭하면, 기본적인 카페가 만들어진다.

(10) [내 카페 바로가기]를 클릭하면, [그림 5-1]에서와 같이 처음 만든 카페를 볼 수 있다. 즉, [그림 5-1]의 카페는 가장 기본적인 형태이며, 여기에서 [카페 글쓰기] 아래에 있는 [관리] 혹은 [꾸미기]를 클릭한 후에 여러 가지의 메뉴 혹은 기능들을 활용하여 창업자가 원하는 형태의 카페를 만들면 된다.

[그림 5-1] 처음 만든 카페의 모습

한편, 뉴비즈니스연구소 카페(cafe.daum.net/isoho2jobs)의 [강의실(HTML/포토샵/카페/옥션&이베이&G마켓)] 게시판 5-6번 글을 보면 카페(cafe)를 만드는 방법에 대한 강좌가 있다. 천천히 따라하면 카페를 쉽게 만들 수 있는데, 카페 시스템의 개편으로 인해 일부 기능은 약간 다를 수 있다. 하지만, 대부분의 기능들은 동일하기 때문에 처음 카페를 만들고 꾸미는 데 유용하게 사용할 수 있으며, 네이버(Naver) 카페를 만들 때에도 활용할 수 있다.

2. 홈 꾸미기

홈 꾸미기는 [관리]를 클릭한 후에 [홈 꾸미기]를 클릭하면 된다. 혹은 [꾸미기]를 클릭하면, 바로 [홈 꾸미기]의 상태가 된다. [홈 꾸미기]에는 스킨, 레이아웃, 영역별 꾸미기의 3가지 메뉴가 있으며, 개별 설정을 끝낸 후에는 반드시 [적용]을 클릭해야 한다.

2.1 스 킨

스킨에는 스킨과 배경의 두 가지 메뉴가 있는데, 카페를 잘 만들기 위해서 특별히 중요하지는 않다. 따라서 카페를 처음 만들 때에는 굳이 사용하지 않아도 되는 기능이다.

(1) 스 킨

여러 가지의 스킨 중에서 하나를 선택할 수도 있으며, 아무 것도 선택하지 않아도 상관이 없다. 다만, 스킨들을 선택한 후에 카페의 모습을 확인해 볼 수는 있다.

(2) 배 경

[디자인]을 체크한 후에 [적용]-[확인]을 클릭하면 된다. 하지

만, 배경에서 색상이나 직접 올리기는 잘 사용되지 않는다.

2.2 레이아웃

레이아웃은 카페의 형태(혹은 모양)를 설정할 때에 사용하게 되는데, 카페의 활용목적에 따라 다양한 형태로 만들 수 있다.

(1) 단 구성

[그림 5-2]에서와 같이 3단B형을 클릭하면, 오른쪽 화면에서 카페의 구성 형태를 볼 수 있다. 저자는 2005년부터 다음(Daum)과 네이버(Naver)에서 카페를 운영하고 있는데, 3단B형이 가장 좋다고 판단된다. 또한 단 구성을 선택한 후에는 오른쪽 화면에서 메뉴들을 마우스로 드래그해서 원하는 위치에 놓으면 되는데, 필요하지 않는 경우에는 삭제버튼(☒)을 클릭하여 삭제해도 된다. 어느 메뉴들을 어느 곳으로 이동시킬 것인가에 대해서는 다른 카페들을 벤치마킹하는 것이 필요하다.

(2) 홈 게시판

카페 홈에 게시판을 추가할 때에 사용하며, 6개의 레이아웃 중에서 선택한 후 클릭하면 된다. 홈 게시판을 사용할 때에는 사전에 [관리]-[메뉴관리]에서 사용하고자 하는 게시판을 먼저 추가하는 것이 필요하며, 추가한 레이아웃에 있는 [설정] 버튼을 클

[그림 5-2] 단 구성

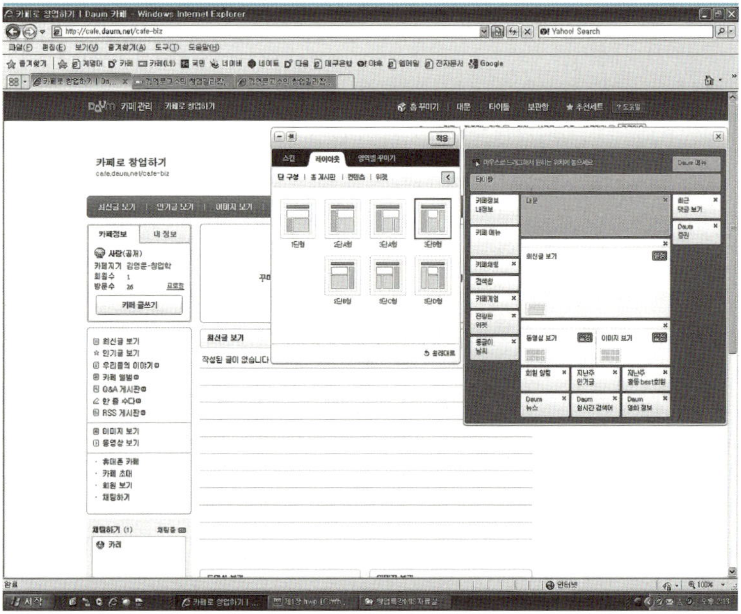

릭하여 카페 홈에서 사용하고자 하는 게시판을 선택하면 된다.

(3) 컨텐츠

다양한 컨텐츠들은 마우스로 체크를 하면 카페에서 사용할 수 있는데, [자주가는 링크]는 [설정]을 클릭한 후에 사이트명과 URL주소를 입력한 후에 [확인] 버튼을 클릭하여 웹사이트를 추가하면 된다. [자주가는 링크]에서는 카페지기가 자주 접속하는 웹사이트들을 모두 등록해 두면 편리하게 활용할 수 있다.

(4) 위 젯

위젯(widget)은 PC, 휴대폰, 블로그 · 카페 등에서 웹브라우저를 통하지 않고 날씨 · 달력 · 계산기 등의 기능과 뉴스 · 게임 · 주식정보 등을 바로 이용할 수 있도록 만든 미니 응용프로그램을 말하는데(네이버 백과사전, 100.naver.com), 더블 클릭을 하면 자동적으로 설치가 된다. 또한 마우스로 드래그해서 원하는 위치로 이동시킬 수 있다.

2.3 영역별 꾸미기

카페정보, 카페메뉴, 검색창, 게시판, 부가 컨텐츠에 대해 디자인, 색상 등을 꾸밀 수 있는 기능이며, 모두 사용할 필요는 없으며 카페정보와 카페메뉴만 꾸며도 충분하다. 예를 들어, 카페정보에서 원하는 디자인을 선택한 후에 기본색, 강조색 및 탭이름을 수정하면 된다.

3. 대문 꾸미기

대문은 크게 직접 꾸미기, 웹진형, 사진형, 메모형, 동영상형의 5가지로 구분할 수 있다. 카페를 처음 운영하는 경우에는 웹진형을 사용하면 되는데, 장기적으로 볼 때에는 직접 꾸미기를 사용하는 것이 좋다.

3.1 직접 꾸미기

직접 꾸미기는 HTML을 활용하여 카페 대문을 꾸미는 것인데, 이를 위해서는 HTML 명령어를 잘 사용할 수 있어야 한다. 뉴비즈니스연구소 카페(cafe.daum.net/isoho2jobs)의 대문이 HTML 명령어를 활용하여 만든 대표적인 사례라고 할 수 있는데, 직접 꾸미기의 장점은 아래와 같다.

① [상품등록 게시판]과 HTML을 활용하여 카페를 인터넷쇼핑몰로 만들 수 있다.

② 카페의 주요 수익활동 및 창업자가 집중적으로 홍보하고 싶은 다양한 내용들을 HTML 명령어들을 활용하여 카페 메인에 공지할 수 있다.

③ 창업자와 제휴하고 있는 다양한 웹사이트들을 홍보하여 카

페 회원 및 비회원들이 직접 접속할 수 있도록 할 수 있다. 예를 들어, 카페에 접속하는 회원들이 카페지기가 운영하는 인터넷쇼핑몰 혹은 옥션에 등록되어 있는 특정 상품의 주문페이지로 바로 접속할 수 있도록 할 수 있다는 것이다.

한편, 직접 꾸미기로 대문을 만드는 방법은 아래와 같다.

① [꾸미기]-[대문]을 클릭한다.
② [웹진형]을 클릭한 후에 [직접꾸미기]를 선택한다.
③ [직접꾸미기] 화면에서 오른쪽의 HTML을 체크한다.
④ 사각형의 박스 안에 HTML 명령어들을 입력하고, [적용]을 클릭한다.
⑤ [확인]을 클릭한 후에 [카페홈 가기]를 클릭하면 된다. [확인]을 클릭하는 화면에서는 '보관함에 저장'에 체크를 하는 것이 필요한데, 입력한 내용들은 [꾸미기]-[보관함]에 보관된다.

3.2 웹진형

카페(cafe)를 웹진형으로 만들기 위해서는 3가지의 정보가 필요하며, 작성 후 글자체, 글자색 등을 조정하면 된다. 조미정의 인견장터(cafe.daum.net/rayonmart)가 웹진형으로 만든 카페 사례이다.

(1) 이미지

포토샵으로 250×167 크기의 이미지를 만들어서 등록하면 되는데, 카페를 대표할 수 있는 포토샵 이미지를 제작하는 것이 중요하다.

(2) 제 목

카페의 제목을 입력하면 된다.

(3) 내 용

카페의 성격 혹은 목표 등에 대해 상세하게 설명을 하면 된다.

3.3 기타 대문 꾸미기

직접 꾸미기, 웹진형 외에도 대문을 꾸미는 방법으로는 사진형, 메모형, 동영상형이 있다. 사진형은 말 그대로 사진을 20개까지 등록하여 대문을 꾸미는 것을 말한다. 메모형은 [한 줄 메모장]을 선택하여 대문을 꾸미는 방법이며, 동영상형은 동영상들을 선택하여 대문을 꾸미는 것을 말한다. 일반적으로, 메모형 혹은 동영상형은 잘 사용하지 않으며, 사진형은 카페에서 판매하는 상품들의 이미지를 등록하여 대문을 꾸미는 것이 효과적이다. 예를 들어, 사진형으로 만든 카페로는 요베베(cafe.daum.net/yobebe2455)가 있다.

4. 타이틀 꾸미기

타이틀에는 템플릿, 배경, 카페이름, 카페주소, 타이틀 메뉴, 검색창, 카운터 등이 있는데, 배경과 타이틀 메뉴가 빈번하게 사용되고 있다.

4.1 배 경

뉴비즈니스연구소 카페(cafe.daum.net/isoho2jobs)와 같이 포토샵으로 배경을 만들어서 [배경]-[직접 올리기]를 하면 된다. 이미지 가로의 길이는 971 픽셀로 해야 하며, 세로의 길이는 임의대로 정할 수도 있지만 일반적으로 106 픽셀이 가장 이상적이다.

4.2 타이틀메뉴

타이틀메뉴는 기본적으로 최신글 보기, 인기글 보기, 이미지 보기, 동영상 보기의 4가지로 설정되어 있는데, 중요한 게시판 혹은 홍보하고 싶은 정보들이 등록되어 있는 게시판으로 변경할 수 있다. 또한 새로운 메뉴를 추가할 수도 있으며, 수시로 변경이 가능하다. 예를 들어, [그림 5-3]과 같이 [최신글 보기]에서 삭제

[그림 5-3] 타이틀 메뉴의 설정

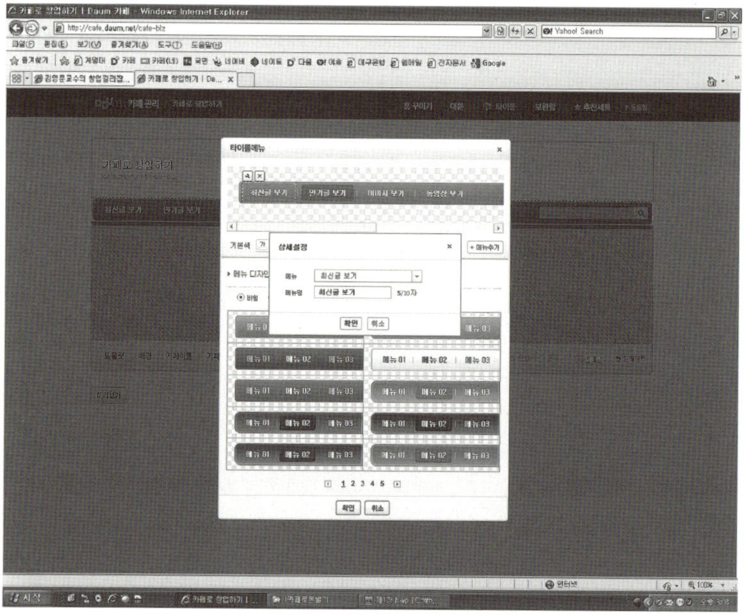

버튼(☒)의 왼편에 있는 수정버튼을 클릭한 후에 [상세설정]에서 메뉴를 선택한 후에 메뉴명을 입력하면 된다.

① [메뉴]에서 게시판을 선택한다.

② [메뉴명]에서 표시하고자 하는 이름을 작성하면 되는데, 게시판의 이름을 그대로 사용해도 된다.

4.3 기타 타이틀메뉴

먼저, 템플릿은 이미 만들어 놓은 타이틀 중에서 선택하여 사용하는 것을 말하는데, 배경에서 언급한 것과 같이 포토샵으로 직접 만들어서 사용하는 것이 가장 좋다. 카페이름과 카페주소는 폰트, 글자크기, 폰트 색, 효과 등을 사용하여 꾸미는 것을 말한다. 또한 검색창의 모양을 꾸미거나 카운터를 새롭게 설정하는 기능도 제공하고 있다.

5. 메뉴 관리

카페(cafe)를 만들 때에 가장 중요한 것이라고 하면 그것은 메뉴 관리하고 할 수 있다. 즉, [그림 5-4]에서 보듯이 다양한 종류의 게시판 및 부가적인 메뉴들을 사용하여 카페(cafe)의 주요 메

[그림 5-4] 메뉴 관리 화면

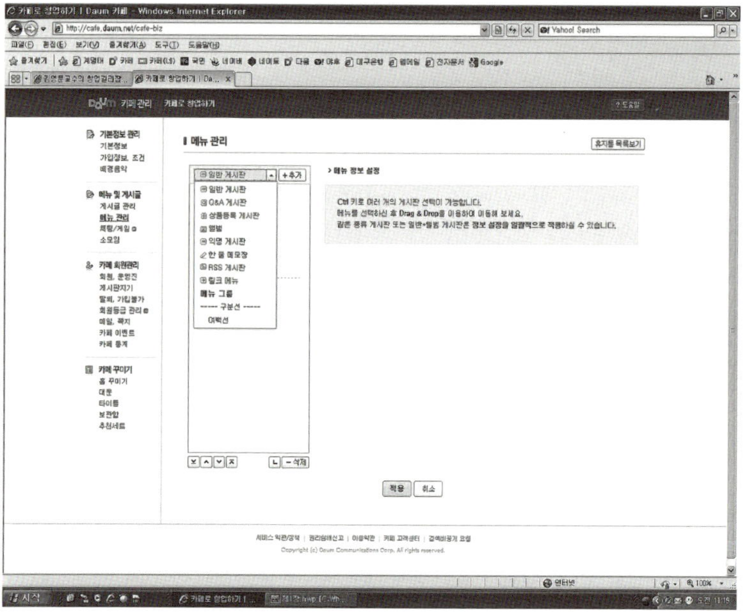

뉴를 만들고 운영하는 것이라고 할 수 있다. 메뉴 관리에서 중요하게 고려해야 하는 것들은 아래와 같다.

5.1 게시판 및 주요 메뉴의 종류

카페에서 사용할 수 있는 게시판 및 주요 메뉴는 총 8가지가 있으며, 카페의 운영목적에 따라 여러 형태로 활용할 수 있다.

(1) 일반 게시판

쓰기, 댓글쓰기, 읽기의 3가지 권한을 설정할 수 있으며, 카페(cafe) 운영자 및 회원들이 글을 자유롭게 등록할 수 있는 게시판이다. 일반적으로 가장 많이 사용되는 게시판이며, 사용하고자 하는 게시판을 선택한 후에 [추가] 버튼을 누르면 된다.

(2) 상품등록 게시판

카페(cafe)에서 판매하고자 하는 상품을 등록하는 게시판이며, 상품을 구입하고자 하는 회원들은 신용카드, 계좌송금, 계좌이체 등의 방법으로 결제를 할 수 있다. 카페(cafe)를 활용하여 인터넷 쇼핑몰을 개발할 때에 이용하는 게시판이다.

(3) 앨 범

카페(cafe)에서 진행하는 다양한 행사에 대한 사진을 올릴 수 있는 게시판이다.

(4) 익명 게시판

누구의 글을 등록하였는지 공개하지 않을 때에 그리고 글을 등록하는 사람의 이름을 감추고 싶을 때에 사용하는 게시판이다. 카페(cafe)에서 익명 게시판을 사용하는 것은 때로는 위험한데, 그것은 카페(cafe)의 성격과는 다른 글들이 무분별하게 등록되는 경우가 많기 때문이다.

(5) 한 줄 메모장

말 그대로 한 줄의 글을 등록할 때에 사용하는 게시판이며, 주로 정회원 등업요청, 인사 및 오늘 한마디 등을 위해 사용하면 편리하다.

(6) 링크 메뉴

마우스로 클릭을 하면 특정 웹사이트로 바로 링크를 시킬 수 있는 메뉴이며, 카페지기(카페를 개설한 사람 혹은 카페의 소유자) 및 카페운영자들만 볼 수 있도록 하려면 [메뉴 감추기]에서 [감추기]를 체크하면 된다. 링크 메뉴는 레이아웃에서 설명한 [자주가는 링크]와 유사하게 사용될 수 있다.

(7) 메뉴 그룹

카페(cafe)에서 여러 개의 게시판들을 대표하는 제목을 등록할 때에 사용하게 되며, 메뉴 그룹은 굵은 제목으로 표시된다. 예를 들어, 뉴비즈니스연구소 카페(cafe.daum.net/isoho2jobs)에서 살펴 보면, 창업교육 공지 및 창업상담, 대구경북창업카페연합회, 김영문교수의 뉴비즈니스연구소, 동맹카페의 행사&교육 소식 등이 메뉴 그룹이다.

(8) 구분선

게시판과 게시판을 구분하는 점선으로 표시된다.

위에서 설명한 8가지의 메뉴는 [추가] 버튼을 클릭하여 사용할 수 있는데, 유사한 카페를 벤치마킹을 한 후에 어떤 메뉴를 추가하여 사용할 것인가를 결정하면 된다. 다만, 회원이 5,000명 미만인 경우에는 전체 게시판의 수가 20개를 초과하지 않도록 하는 것이 필요하다.

5.2 게시판의 추가 및 주요 메뉴를 사용할 때의 유의사항

(1) 쓰기, 댓글쓰기, 읽기의 3가지 권한을 효과적으로 사용해야 한다.

특정 게시판에 글을 쓸 수 있는 권한, 댓글쓰기를 할 수 있는 권한, 그리고 읽기를 할 수 있는 권한을 어느 등급의 회원들에게 허용할 것인가를 결정해야 한다. 카페(cafe)에 가입하지 않은 사람은 손님이며, 가입한 사람은 준회원이 된다. 그 외에 정회원, 우수회원, 특별회원, 게시판지기 등은 카페지기가 정한 규칙에 의해 카페지기 및 운영자들에 의해 등업이라는 절차에 의해 부여받게 되는 회원등급이다. 아울러, 각 게시판별로 쓰기, 댓글쓰기, 읽기의 3가지 권한을 설정할 때에는 다음과 같은 사항들을 고려해야 한다.

① 회원을 증가시키기 위해 게시판별로 쓰기, 댓글쓰기, 읽기의 권한 설정을 신중하게 해야 한다. 즉, 카페(cafe) 회원이 별로 없는 경우에 권한 설정을 어렵게 하는 것은 바람직하지 않다는 것이며, 회원이 증가되면서 권한 설정을 점차 어렵게 하는 것이 좋다는 것이다.

② 정회원 등업신청 게시판을 개설할 때에는 [한 줄 메모장]을 사용하되, 쓰기 권한 부여는 반드시 준회원으로 한정해야 한다. 즉, 카페(cafe)에 가입한 준회원이 등업 신청이라는 절차를 통해서 정회원으로 등업이 되는 것이기 때문에, 정회원 등업신청 게시판의 쓰기 권한은 반드시 준회원으로 설정해야 한다.

③ 자유홍보게시판의 경우에는 쓰기 권한 설정을 준회원으로 하는 것도 필요하다. 누구나 홍보 글을 등록할 수 있는 게시판이라면 굳이 정회원으로 등업을 한 후에 쓰기를 하도

록 할 필요가 없다는 것이다. 또한 카페(cafe)를 활성화시키기 위해서는 회원들이 직접 많은 글을 등록하도록 하는 것이 필요하며, 카페지기가 [관리]-[게시글 관리]를 활용하여 글을 삭제하거나 다른 게시판으로 이동시키면 된다.

(2) 게시판을 추가하여 권한 설정을 한 후에 반드시 [적용]을 클릭해야 한다.

그 외에 각 게시판별로 [메뉴 정보 설정]에 있는 다른 기능들은 그대로 두는 것이 좋으며, 각 게시판의 이름, 소개, 권한에 대한 설정 등이 끝나면, [적용]을 클릭하면 된다. 다만, 쓰기, 댓글쓰기, 읽기의 3가지 권한을 모두 카페지기로 설정을 한 후에 [메뉴 감추기]에서 [감추기]를 체크하는 경우에는 카페지기만 읽기를 할 수 있기 때문에, 그 게시판은 카페(cafe) 운영에 필요한 여러 가지의 비밀스러운 정보들을 등록할 수 있어 편리하게 이용할 수 있다. 카페지기만 사용할 수 있는 비밀게시판에는 다음과 같은 정보들을 보관할 수 있다.

① 다른 카페 혹은 기관과의 제휴와 수익배분에 대한 사항
② 중요한 연락처(전화번호, 메일주소 등)
③ 주요 수익모델의 종류
④ 향후 진행하고 싶은 수익사업
⑤ 기타 미래의 카페 운영 및 발전 방향

(3) 전체 게시판의 수는 15~20개로 시작하는 것이 좋다.

카페(cafe)를 개설한 후에 6개월 동안에는 가능하면 게시판을 적게 개설하는 것이 좋으며, 회원이 증가하면서 게시판의 수도 증가시키는 것이 필요하다. 그것은 초기에는 어떤 글을 등록해야 하는지에 대한 경험도 부족하고, 그러한 글들을 어디에서 가져올 수 있는지에 대한 지식도 부족하기 때문이다.

(4) 회원의 등급관리는 신중하게 해야 한다.

먼저, 한 줄 메모장을 활용하여 회원에 대한 등급관리를 할 때에 회원이름을 클릭한 후에 [회원정보]를 선택하면, 아래의 항목에 대한 정보들을 볼 수 있다.

① 회원등급
② 카페가입
③ 최종방문일
④ 전체메일
⑤ 전체쪽지
⑥ 성별/나이
⑦ 지역
⑧ 블로그
⑨ 요즘

위에서 가장 중요한 것은 전체메일과 전체쪽지인데, '받음'으로 되어 있는가를 확인해야 한다. 즉, 정회원으로 등급변경을 요청하면서 전체메일과 전체쪽지는 '받지 않음'으로 되어 있다면, 정회원으로 등급을 변경하지 않는 것이 좋다. 카페의 모든 정보를 무료로 이용하면서 전체메일과 전체쪽지는 받지 않겠다는 것은 바람직하지 않기 때문이다.

한편, 카페에 가입된 회원은 준회원인데, 해당 회원의 등급을 변경하려면 회원의 이름을 클릭한 후에 [회원정보]에서 정회원, 우수회원, 특별회원 중에서 선택을 한 후에 [변경]을 클릭하면 된다. 또한 카페의 규칙에 어긋나는 글을 등록하거나 문제를 일으키는 회원에 대해서는 [활동중지] 혹은 [강제탈퇴]의 조치를 할 수도 있는데, [강제탈퇴]를 시키면 카페 회원의 수가 감소된다는 것을 생각해야 한다. 문제가 있는 회원에 대해서는 일정 기간 동안에 [활동중지]를 시키는 것이 카페 회원 수의 유지를 위해서도 바람직하다.

6. 카페관리 메뉴의 효과적인 활용

6.1 기본정보

기본정보에는 기본정보, 운영회칙/히스토리, 양도/폐쇄의 3가지가 있는데, 가장 중요한 것은 기본정보에 있는 카페 이름의 변경이라고 할 수 있다. 다음(Daum) 카페에서는 6개월마다 카페 이름을 변경할 수 있는데, 처음 카페를 만들었을 때의 목적 혹은 성격과는 상관없이 카페 이름을 변경하여 다른 목적으로 충분히 활용할 수 있다.

예를 들어, 창업카페를 10년 이상 운영을 하였더라도 여행카페로 이름을 변경하여 사용하는 것은 전혀 문제가 되지 않는다는 것이다. 물론 일부 회원들의 탈퇴는 예상되겠지만, 카페 메뉴의 변경 및 새로운 정보들을 지속적으로 제공하면 생각보다 탈퇴회원의 수는 많지 않다는 것이다.

6.2 회원 및 운영진

전체 회원들을 볼 수 있는 메뉴이며, 회원 등급별로도 볼 수가 있다. 또한 일반적으로 회원이름을 클릭한 후에 회원들에 대한 등급은 특별회원까지만 변경할 수 있지만, 회원 및 운영진에서는 정회원, 우수회원, 특별회원, 운영자까지 등급을 변경할 수 있는 장점이 있다.

6.3 게시판지기

카페지기가 카페(cafe)에 대한 모든 권한을 갖고 있는 사람이라면, 게시판지기는 특정 게시판에 대한 모든 권한을 갖고 있는 사람이다. 즉, 게시판지기는 특정 게시판을 활용하여 다양한 수익창출 활동을 할 수 있는데, 이를 위해서는 카페지기가 특정 게시판에 대하여 특정 회원을 게시판지기로 선정해야 한다.

① [관리] -[게시판지기]를 클릭하고 게시판을 선택한 후에 [선정] 버튼을 클릭한다.

② 회원을 검색하거나 직접 입력을 하여 회원을 선택한 후에 [확인] 버튼을 클릭한다.

③ 게시판지기를 선정한 게시판의 상단에 보면 게시판지기의 이름이 나타난다.

6.4 메일 및 쪽지

메일이나 쪽지를 보낼 수 있는데, 카페(cafe)에서 진행하는 다양한 활동에 대해 홍보할 수 있다. 전체회원 혹은 회원등급별로 메일이나 쪽지를 보낼 수 있으며, 텍스트 혹은 HTML 형식으로 보낼 수도 있다. 카페(cafe) 회원이 많은 경우에는 휴대폰으로 전송된 인증번호를 입력한 후에 메일이나 쪽지를 보낼 수 있도록 되어 있다.

카페에서 회원들에게 메일 및 쪽지를 보낼 때에는 일주일에 한 번 정도를 전송하는 것이 좋다. 너무 자주 보내게 되면 탈퇴하는 회원들도 많아지기 때문이다. 또한 메일의 제목을 잘 정하는 것이 필요하다.

6.5 카페 통계

카페 통계는 기본정보, 카페 유입, 활동 BEST 회원에 대한 정보를 제공하고 있는데, 카페가 어떻게 발전하고 있는가를 한눈에 알 수 있다. 카페지기는 카페 통계를 정기적으로 살펴보면서 카페를 활성화시킬 수 있는 다양한 활동들을 진행하는 것이 필요하다. 카페 통계는 카페의 메인에서 [카페정보]-[프로필]-[랭킹정보]에서도 부분적으로 볼 수 있다. 특히 경쟁관계에 있는 다른 카페의 [프로필]을 살펴보는 것도 필요하다.

6.6 기 타

앞에서 설명한 것들 외에도 가입정보 및 조건, 배경음악, 채팅/게임, 소모임, 탈퇴 및 가입불가, 회원등급 관리, 카페 이벤트 등이 있는데 필요에 따라 활용하는 것도 필요하다. 예를 들어, 카페(cafe) 내에 다양한 소모임을 운영하는 경우에는 [소모임]을 활용하여 소모임에 대한 승인을 해 주면 된다.

7. 스마트폰에 카페앱의 설치 및 홍보

다음(Daum) 혹은 네이버(Naver)에서는 카페앱을 개발하여 누구나 무료로 사용하도록 하고 있다. 창업기업에서는 다음(Daum) 혹은 네이버(Naver)의 카페(cafe)를 활용하여 기업의 홈페이지를 만들고, 스마트폰의 홈 화면에 카페앱을 설치하여 운영할 수 있다.

스마트폰에 카페앱을 설치하는 과정은 매우 간단한데, 저자가 개발한 월성성당의 사례를 활용하여 설명하려고 한다. 먼저 [그림 5-5]와 같이 스마트폰에 설치되어 있는 다음(Daum) 혹은 네이버(Naver)에서 월성성당 카페(cafe.daum.net/wscatholic)를 검색한다.

[그림 5-5] 월성성당 카페를 검색

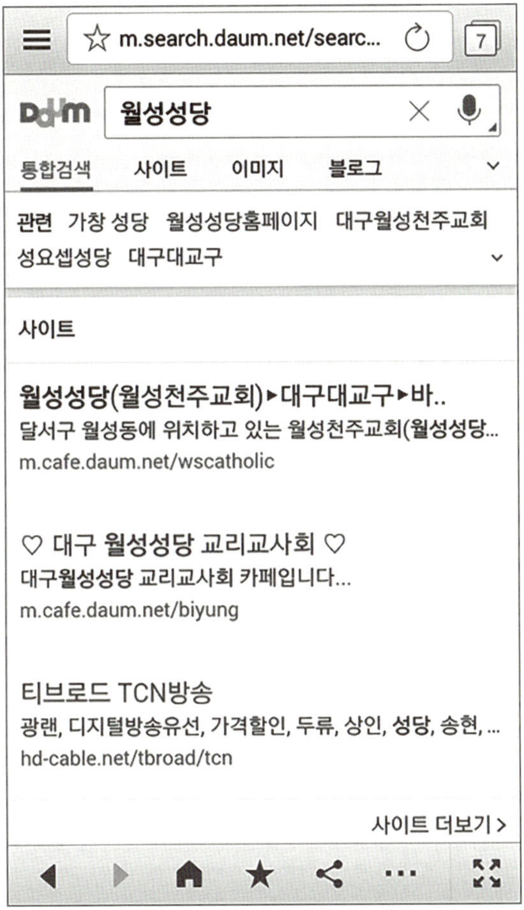

[그림 5-5]에서 검색한 웹사이트 중에서 [그림 5-6]과 같이 월성성당 카페에 접속을 한다.

[그림 5-6] 월성성당 카페에 접속

[그림 5-7]에서 메뉴버튼(더 보기 메뉴)을 클릭한 후에 [홈 화면에 추가]를 클릭한다.

[그림 5-7] 메뉴버튼을 클릭

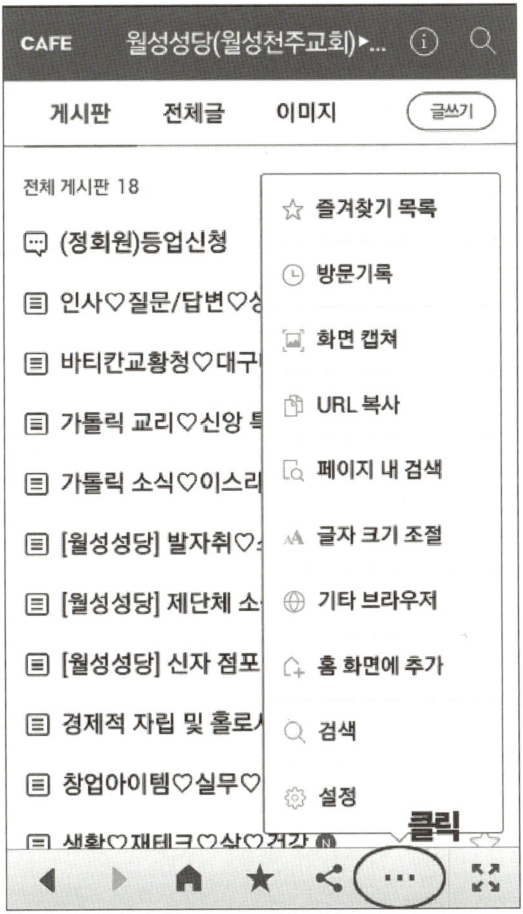

[그림 5-8]에서와 같이 [바로가기 홈화면에 추가]에서 카페이름 전부를 볼 수 있는데, 여기에서 "월성성당"이라고 입력한 후

[그림 5-8] 바로가기 홈화면에 추가

에 [확인]을 클릭한다.

[그림 5-9]와 같이 "월성성당" 바로가기가 설치되어 있는가를 확인한 후에 직접 클릭을 해 보면 된다. 이렇게 [바로가기 홈화면에 추가]는 다음(Daum) 혹은 네이버(Naver)에서 개발한 카페 앱을 활용하여 기존 PC환경에서 사용하던 카페(cafe)를 스마트폰의 홈 화면에 설치할 수 있도록 하였다는 점에서 지금까지 300-400만원의 비용으로 개발하였던 앱(App)을 신속하게 대체하게 될 것으로 예상된다. 즉, 돈을 들여서 앱(App)을 개발할 필요가 없으며, 다음(Daum) 혹은 네이버(Naver)의 카페앱을 활용하여 홍보 및 광고뿐만 아니라 상품판매도 충분히 가능하다.

[그림 5-9] 스마트폰 홈화면에서 설치 확인

8. 상품등록게시판을 활용한 상품판매

상품등록게시판은 네이버(Naver) 카페 및 다음(Daum) 카페에서 추가하여 사용할 수가 있는데, 네이버 카페에서 [상품등록게시판]을 추가한 후에 상품을 판매하는 방법에 대해서 설명하면 아래와 같다.

8.1 상품등록게시판의 추가

[그림 5-10]은 네이버 카페의 카페관리>메뉴>메뉴 관리 화면인데, 왼쪽 메뉴 종류에서 새롭게 추가된 상품등록게시판을 확인할 수 있다. 기존의 게시판 생성방법과 동일하게 상품등록게시판을 선택한 후에 [추가]를 클릭하면 된다. 물론 상품등록게시판의 이름은 창업자가 주로 판매하고자 하는 제품의 종류 등으로 변경이 가능하다.

또한 [그림 5-11]에서와 같이 메뉴기본설정에서 메뉴명과 게시판설명을 입력한 후, 해당 게시판에서 사용할 거래종류를 선택하여 거래종류별로 게시판을 구별하여 편리하게 사용할 수 있다. 거래종류는 복수 선택이 가능하며, 공동구매는 매니저와 부매니저, 공동구매 스탭만 상품등록이 가능하다.

[그림 5-10] 상품등록게시판 추가

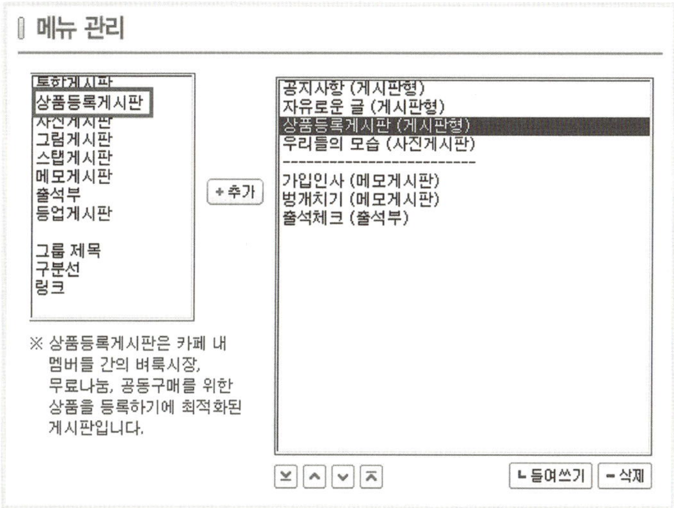

[그림 5-11] 거래종류의 설정

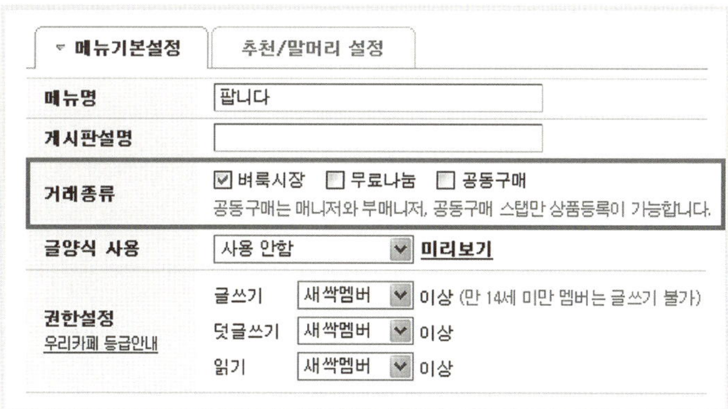

8.2 상품의 등록 및 상품판매

앞에서 추가한 [상품등록게시판]에 판매하고자 하는 다양한 상품을 등록하면 되는데, 이를 활용하여 상품을 판매하는 과정은 아래와 같다.

① [상품등록게시판]을 추가한 후에 게시판의 이름을 [중고/신상품 구매장터]로 설정한다. 게시판의 이름은 판매하고자 하는 상품의 종류에 맞게 설정하면 된다.

② [중고/신상품 구매장터] 게시판에 상품을 등록하면 되는데, 상품결제는 KG이니시스(www.inicis.com)에서 개발한 INIP2P 서비스를 활용하기 때문에 INIP2P(www.inip2p.com)에 가입하는 것이 필요하다.

③ 카페의 메인(대문)에서 상품구매에 대한 홍보를 진행한다.

예를 들어, [그림 5-12]에서 보듯이 상품등록게시판의 이름을 [중고/신상품 구매장터]로 하여 상품을 등록하면, 고객들은 실시간 계좌이체, 신용카드 및 무통장입금으로 상품을 구매할 수 있다. 이것은 저자가 실제로 네이버 카페에서 상품을 등록하였는데, 상품을 신용카드로 결제를 하고 구입하는 고객이 일부 있었다.

이것에 대한 자세한 내용은 뉴비즈니스연구소(http://cafe.naver.com/ihavetwojobs)에서 확인할 수 있는데, 카페에서도 얼마든지 상품을 판매할 수 있다는 것을 보여주고 있다. 또한 한 줄에 5개의 상품이미지를 등록한 후에 4줄로 만들어서 총 20개의

[그림 5-12] 상품등록게시판을 활용한 상품의 등록 및 판매

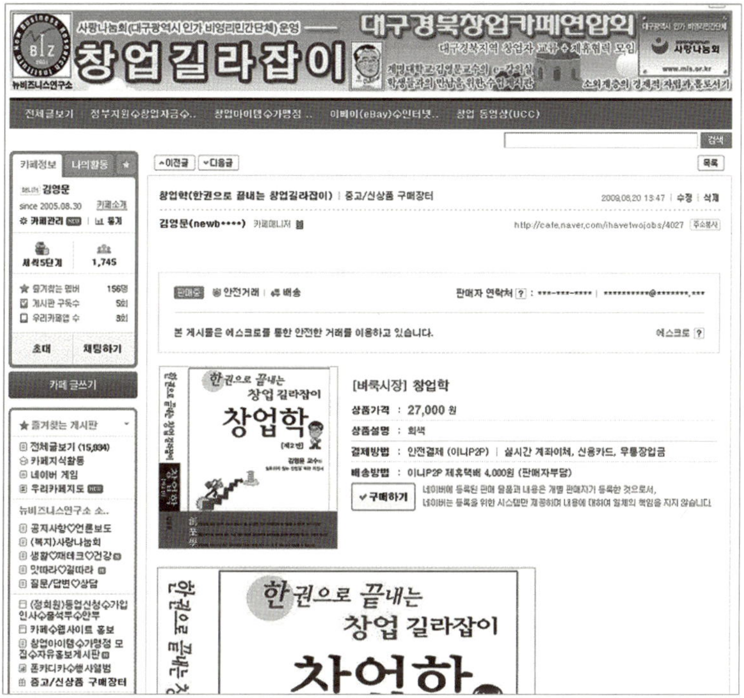

상품이미지를 임의로 등록해 보았다. 이렇게 하면, 카페의 첫 페이지를 마치 인터넷쇼핑몰과 같이 만들어서 상품을 판매할 수 있다는 것을 의미한다([그림 5-13] 참조).

한편, [그림 5-13]에서 보듯이, 카페 대문을 인터넷쇼핑몰의 메인화면처럼 만들기 위해서는 다음의 순서로 진행하면 되는데, 3장에 있는 HTML 명령어들을 참고하면 된다.

[그림 5-13] 네이버 카페에서 상품 판매하기

① [상품등록게시판]를 추가하여 20개의 상품을 등록한다.

② HTML 명령어를 사용하여 4줄 5칸의 테이블(4×5, 총 20개 칸)을 만든다.

③ 각 칸에는 상품별로 등록한 상품이미지(대표사진)의 크기를 width="105" height="105"로 설정한 후에 카페 대문에 불러오게 하고, 상품이미지(대표사진)을 클릭했을 때에 [상품등록게시판]에 있는 해당 상품의 주문페이지로 링크되도록 한다.

④ 20개 칸에 대해 위의 방법대로 HTML 명령어를 만들면, [그림 5-13]에서와 같이 만들 수 있다.

제 6 장

블로그를 활용한 홍보, 광고 및 상품판매

1. 블로그를 활용한 홍보

블로그(blog)는 네티즌이 자신의 관심사에 따라 자유롭게 게시물을 작성하여 올리는 웹 사이트를 말한다. 블로그는 '웹 로그(web log)'에서 온 말이며, 웹(web)과 항해일지를 뜻하는 로그(log)라는 두 단어가 합쳐 만들어진 '웹 항해일지'라는 뜻의 용어다. 인터넷을 항해하다가 발견한 흥미로운 링크에 짧은 코멘트를 덧붙이는 것이 전형적인 초기 형태였다(다음 어학사전, dic.daum.net).

이러한 블로그(blog)는 아래의 사이트에서 운영할 수 있는데, 무료라는 것이 가장 장점이다. 하지만, 네이버 블로그가 국내 블로그 시장의 85%를 차지하고 있는데(경남도민일보, 2013. 1. 30), 이에 따라 아래의 블로그 중에서 영향력이 큰 블로그들을 우선적으로 운영하는 것이 필요할 것이다.

① 네이버 블로그(section.blog.naver.com)

② 다음 블로그(blog.daum.net)

③ 이글루스(www.egloos.com)

④ 에이블 블로그(www.ablenews.co.kr/Blog)

⑤ 구글 블로그(www.blogger.com)

여기에서 에이블 블로그(www.ablenews.co.kr/Blog)는 메인포스트 설정기능이 있는데, 이것은 특정 글(혹은 포스트)을 블로그의 메인에 고정시킬 수 있는 기능을 말한다. 이를 활용하면 블로그 운영자가 홍보하고 싶은 중요한 내용들을 블로그의 메인에 항상 고정시킬 수 있기 때문에, 홈페이지 혹은 카페의 메인 페이지와 같이 운영할 수 있다. 또한 인터넷쇼핑몰의 메인 페이지와 같이 판매하고자 하는 상품들을 HTML을 활용하여 블로그의 메인 페이지에 배치할 수도 있다.

2. 홈페이지형 블로그의 개발 및 운영

2.1 홈페이지형 블로그의 개념

홈페이지형 블로그는 창업기업의 홈페이지와 같이 사용할 수 있는 블로그(blog)를 말하는데, 기존의 블로그와 차별되는 점은 특정 포스트를 메인포스트로 설정하여 고정시킬 수 있다는 점이다. 이에 따라 메인포스트는 HTML 및 포토샵 이미지들을 활용하여 기존 홈페이지의 메인페이지와 같이 만들 수 있는 장점이 있다.

2.2 홈페이지형 블로그 개설하기

현재 블로그를 무료로 개설할 수 있는 사이트들은 매우 많지만, 홈페이지형 블로그를 운영하기 위해서는 에이블뉴스에서 개설할 수 있는 블로그를 적극 추천한다.

① 에이블뉴스(www.ablenews.co.kr)에서 회원가입을 한다.

② 메인페이지에서 [블로그]를 클릭한다.

③ [에이블 블로그]에서 아이디와 패스워드를 입력한 후에 [로그인]을 클릭한다.

[그림 6-1] 에이블 블로그 만들기

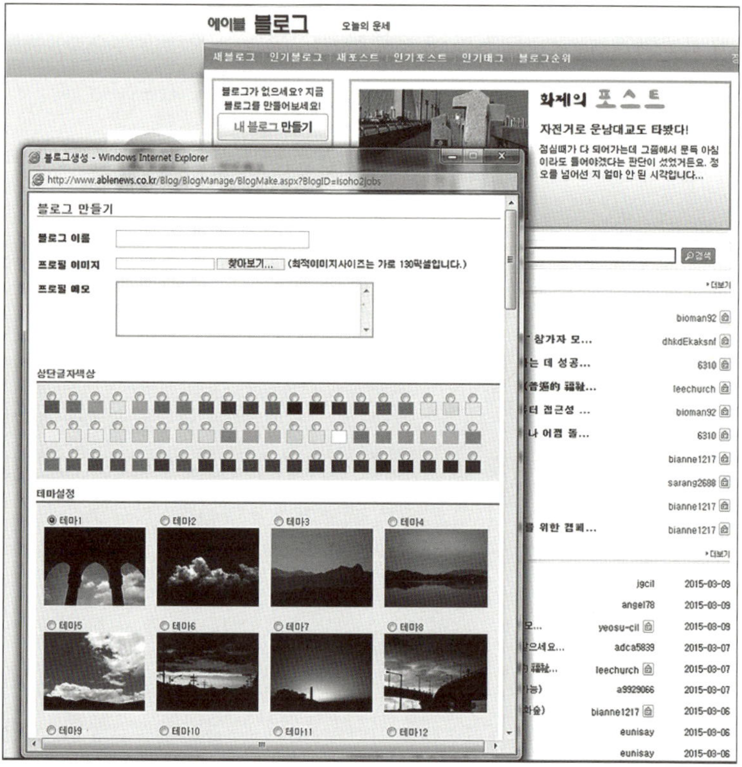

④ [내 블로그 만들기]를 클릭한다.

⑤ [그림 6-1]에서와 같이 5가지 정보를 입력한 후에 [완료]를 클릭하면 블로그가 생성된다.

i) 블로그 이름

ii) 프로필 이미지

iii) 프로필 메모

iv) 상단글자색상

v) 테마설정

⑥ [에이블 블로그]에서는 [그림 6-1]에서와 같이 새블로그, 인기블로그, 새포스트, 인기포스트, 인기태그, 블로그순위의 메뉴들이 있는데, 이러한 메뉴들을 효과적으로 활용하면 창업자의 블로그를 활성화시키는 데에도 많은 도움이 될 수 있다. 이를 위해서는 6가지의 메뉴들을 클릭한 후에 살펴보면서 어떻게 활용할 수 있는지를 파악하는 것이 필요할 것이다.

2.3 HTML을 활용하여 포스트쓰기

홈페이지형 블로그를 만들기 위해서는 HTML을 이용하여 포스트쓰기를 해야 하는데, 그 절차는 다음과 같다([그림 6-2] 참조).

① [에이블 블로그]에서 [내 블로그가기]를 클릭한다.

② 블로그의 좌측에 있는 [포스트쓰기]를 클릭한다.

③ 카데고리를 선택한 후에 제목을 작성한다.

④ [HTML소스보기]를 클릭한 후에 HTML 명령어를 활용하여 홍보하고 싶은 내용들로 메인페이지를 만든다. 예를 들어, 에이블 블로그에서 옥션과 G마켓에 등록되어 있는 상품을 판매하려면 다음과 같이 하면 된다.

[그림 6-2] 포스트쓰기

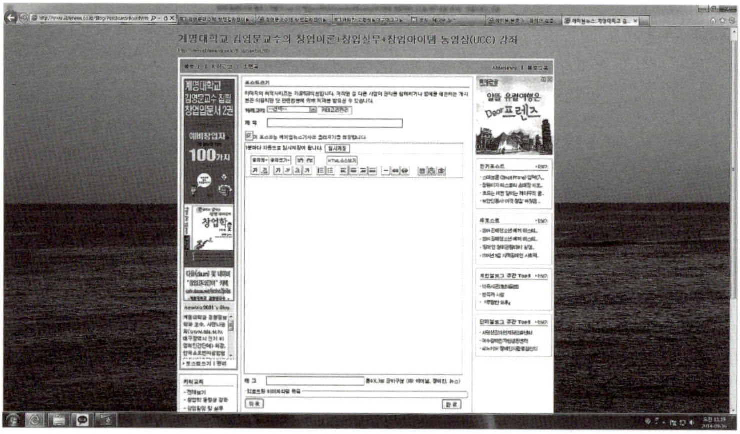

i) 먼저 옥션 혹은 G마켓에 판매할 상품을 등록한다.

ii) 옥션 혹은 G마켓에 등록되어 있는 상품들의 이미지들을 이미지 호스팅 사이트에 등록한다(3장에 있는 "3. 이미지를 서버에 등록하기"를 참조)

iii) HTML 명령어를 이용하여 이미지 호스팅 사이트에 등록되어 있는 상품이미지를 불러와서 보여주고, 고객들이 상품이미지를 클릭했을 때에 옥션 혹은 G마켓의 상품구매 페이지로 접속할 수 있도록 한다. 이를 위하여 먼저, 이미지 호스팅 사이트에 등록되어 있는 상품이미지들을 [에이블 블로그]에서 보여주기 위해서는 다음과 같은 형식의 HTML 명령어를 사용할 수 있다.

```
<img src="http://www.mis.or.kr/images/new_main_13.gif">
```

또한, 상품이미지를 클릭했을 때에 옥션 혹은 G마켓의 상품구매 페이지로 접속할 수 있도록 하기 위해서는 다음과 같은 형식의 HTML 명령어를 사용하면 된다.

```
<a href="http://www.mis.or.kr" target=win1>
  <img src="http://www.mis.or.kr/images/new_main_13.gif">
</a>
```

⑤ [완료]를 클릭하여 저장한다.

⑥ 메인포스트로 설정한다.

2.4 메인포스트 설정 및 관리

앞에서 HTML을 활용하여 작성한 포스트를 메인포스트로 설정하게 되면, 그 포스트는 홈페이지의 메인페이지와 같은 역할을 하게 된다.

① 블로그의 좌측의 [포스트쓰기] 옆에 있는 [관리]를 클릭한다.

② [그림 6-3]에서 [메인포스트 설정]을 클릭한다.

[그림 6-3] 블로그의 관리 화면

③ 메인포스트로 설정하고 싶은 글을 찾은 후에 [메인 설정]을 클릭하면([그림 6-4] 참조), [그림 6-5]에서와 같이 에이블 블로그의 메인 화면에서 보이게 된다. [에이블 블로그]에서의 [메인 설정]이 블로그를 기존의 홈페이지와 같이 사용할 수 있게 하는 핵심 기술이라고 할 수 있다.

[그림 6-4] 메인 설정

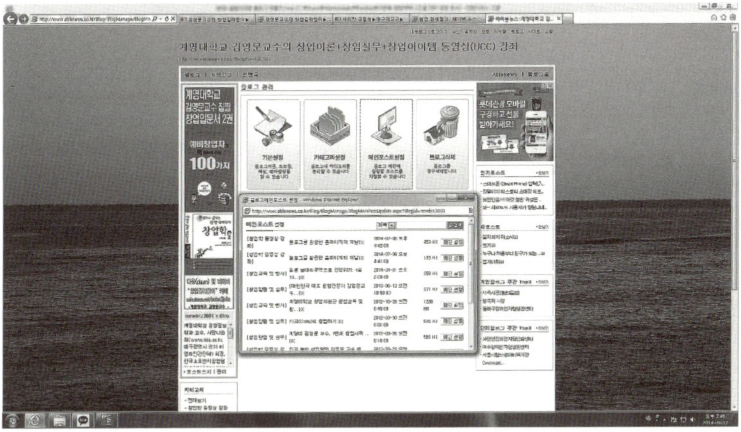

[그림 6-5] 에이블 블로그의 메인 화면

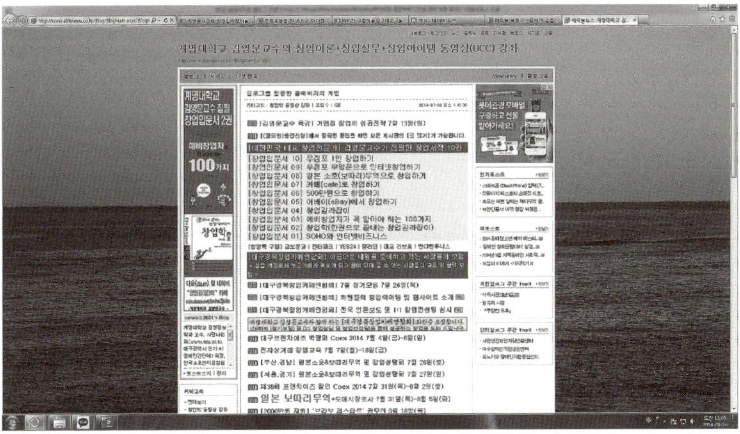

2.5 홈페이지형 블로그의 효과적인 활용방법

에이블뉴스(www.ablenews.co.kr)에서 무료로 제공하는 블로그를 효율적으로 활용하기 위해서는 다음과 같은 방법들이 있다.

① 아이네임즈(www.inames.co.kr) 등의 사이트에서 도메인을 구입하여 에이블뉴스의 블로그 주소로 포워딩을 시킨다. 그렇게 하면, 긴 블로그 주소 대신에 www로 시작하는 인터넷 주소를 사용하여 고객들이 블로그로 바로 접속할 수 있도록 하는 것이 가능하다.

② 블로그의 메인포스트에 기업이 운영하고 있는 여러 사이트로도 접속이 가능하도록 HTML 문서를 만들면 되는데, 3장에서 설명한 아래 형식의 HTML 명령어를 활용하면 된다.

```
<a href="http://www.mis.or.kr" target=win1>
<FONT COLOR=RED SIZE=3><B>사랑나눔회</B></FONT>
</a>
```

③ 회사의 명함에는 아이네임즈에서 구입한 도메인 및 블로그 주소를 동시에 인쇄한다.

④ 회사의 모든 구성원들에게 도메인 및 블로그 주소를 알려서 홍보하도록 한다.

⑤ 회사의 모든 구성원들이 블로그 및 회사에서 운영하고 있

는 여러 사이트에 자주 접속하도록 하며, 아울러 다양한 콘텐츠(텍스트, 이미지 및 동영상)을 자주 등록하도록 한다.

⑥ 블로그에 다양한 콘텐츠를 자주 등록하게 되면, [그림 6-1]에 있는 새블로그, 인기블로그, 새포스트, 인기포스트, 인기태그, 블로그순위에서 상위에 노출이 되게 될 것이다. 이로 인해서 블로그에 접속하는 사람들이 증가하게 될 것이며, 기업의 홍보효과는 더욱 증대될 것이다.

2.6 홈페이지형 블로그 제작의 전문기업

블로그를 활용하여 기업의 홈페이지로 사용할 수 있도록 도와주는 전문기업들은 다음과 같으며, 단순한 블로그의 운영에서 벗어나서 홈페이지 기능을 접목한 블로그의 제작 및 운영이 절실히 요구되고 있는 실정이다.

① 소셜샵(www.socialshop.kr): 네이버 블로그를 활용하여 아래와 같은 6가지의 홈페이지형 블로그를 제작하고 있다.

i) 블로그 스킨형

ii) 블로그 소셜탑형

iii) 블로그 스타형

iv) 블로그 골드형

v) 블로그 홈페이지형

vi) 블로그 VIP맞춤제작형

② 디자인블러썸(blog.naver.com/kkims4242)

③ 애드스퀘어(adsquare2013.blog.me, www.adsquarekorea.com)

④ 플랜엠(blog.naver.com/plan7000)

⑤ 블로그위즈(blog.naver.com/blogwiz)

3. 블로그에서의 INIP2P의 활용 및 상품판매

KG이니시스(www.inicis.com)에서 개발한 INIP2P 서비스(www.inip2p.com)는 국내 최초로 개발된 개인 간의 안전거래 중개 모듈이다.

INIP2P 서비스는 카페와 블로그 등의 개인 웹사이트에서 상품을 판매할 때에 사용할 수 있는 결제솔루션이다. 즉, 상품의 구매자는 블랙리스트에 신경 쓰지 않고 상품을 보냈는지에 대한 불안감을 떨쳐 버리고, 판매자는 현금 이외의 지불수단을 통해 다양한 판매활동을 할 수 있는 안전한 상거래 방식이다.

카페(cafe), 블로그(blog) 혹은 개인 웹사이트를 운영하고 있다면, INIP2P를 활용한 상품과 서비스의 판매는 창업경험을 쌓는데 많은 도움이 될 수 있다. 또한 창업자는 다양한 판매방법을 경험할 수 있는 동시에 다양한 판매방법들의 융합(convergence)을 통해서 새로운 수익창출을 할 수 있는 방법을 배울 수 있을 것이다.

INIP2P는 크게 판매자 상품 등록, 구매자 상품 구매, 에스크로(Escrow) 및 정산의 3가지 서비스로 구성되어 있는데, [그림 6-6]은 INIP2P의 초기화면이다.

[그림 6-6] INIP2P의 초기화면

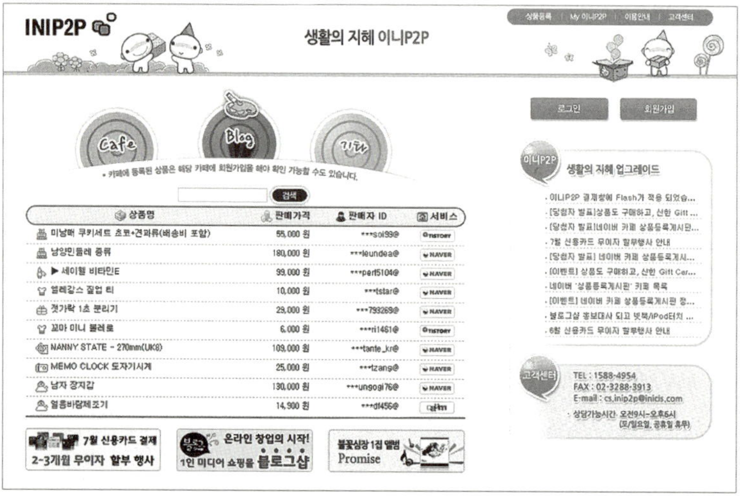

3.1 판매자 상품 등록

판매자는 [그림 6-7]과 같이 INIP2P에 상품명, 상품 분류, 가격과 수량을 입력하여 판매버튼을 생성 받으며, INIP2P를 통해 생성된 판매버튼(결제솔루션)을 판매자의 블로그, 카페 등의 웹사이트에 복사&붙여넣기를 통해 판매버튼을 게시할 수 있다.

[그림 6-7] INIP2P의 상품등록 화면

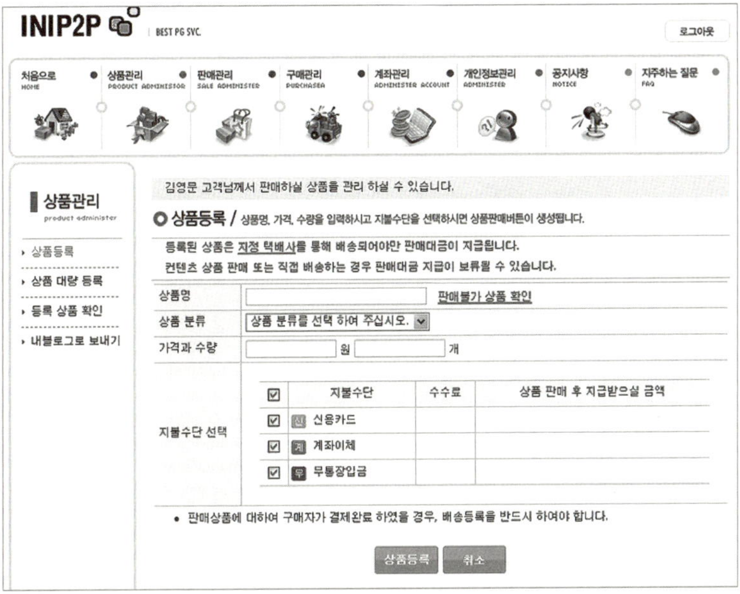

3.2 구매자 상품 구매

구매자는 판매자의 블로그 또는 카페에 게시된 상품을 구매할 경우에 판매자가 게시한 구매하기 버튼을 클릭하면 (주)KG이니시스에서 제공하는 INIP2P를 통한 안전결제가 시작된다. 그렇기 때문에 옥션과 G마켓에서와 같이 구매자가 결제한 돈은 구매자가 상품을 수령한 후에 구매결정을 할 때까지 KG이니시스(www.inicis.com)가 보관하게 된다. INIP2P의 이러한 특성으로 인해 상품의 판매자와 구매자들은 서로 신뢰할 수 있으며, 안전한 거래가 보장된다.

3.3 에스크로(Escrow) 및 정산

구매자가 결제 후 판매자는 택배사 등을 통해 물품을 배송하게 된다. INIP2P는 판매자가 배송한 택배사를 통해 물품 배송정보를 제공받아 물품 배송 여부를 인지하고 물품 배송이 완료된 후 구매자가 물품수령 거절을 하지 않는 경우에만 판매대금을 판매자에게 정산한다.

앞에서 설명한 INIP2P를 사용하기 위해서는 먼저 INIP2P (www.inip2p.com)에 가입을 해야 하는데, 아이디는 이메일 주소를 사용하며, 가입을 하게 되면 이메일 주소로 인증서를 보내준다. 따라서 이메일로 접속하여 인증서를 클릭해야 가입절차가 끝나게 된다.

3.4 블로그에서의 상품판매

[그림 6-7]은 INIP2P에서의 상품등록 화면인데, 신용카드, 계좌이체, 무통장입금의 3가지 지불수단을 선택할 수 있다. 상품명을 입력한 후에 상품 분류를 선택하고, 가격과 수량을 입력한 후에 지불수단을 선택하고 [상품등록]을 누르면 상품판매 버튼(결

[그림 6-8] 상품이미지 등록 후 INIP2P 결제솔루션 등록

제솔루션)이 생성된다. 그 후에 상품정보 그대로 복사하기, HTML 소스 복사하기, 상품링크 복사하기 중에서 하나를 복사하여 붙여넣기를 하면 되는데, [그림 6-8]에서와 같이 상품이미지 아래에 'HTML 소스 복사하기'를 활용한 INIP2P 결제솔루션을 등록하면 된다.

[그림 6-8]에서와 같이 블로그에서 INIP2P 결제솔루션을 활용하여 상품을 판매하는 방법을 구체적으로 설명하면 아래와 같다.

① 먼저 상품이미지를 등록하고 저장한다.

② [수정] 버튼을 클릭한 후에 오른쪽 상단에 있는 HTML을 체크한다.

③ [그림 6-7]과 같은 방법으로 [상품등록]을 한 후에 상품판매 버튼(결제솔루션)이 생성되면, 'HTML 소스 복사하기'를 활용하여 INIP2P 결제솔루션을 붙이기(Ctrl+V)하여 등록한다.

④ [수정] 버튼을 클릭하면 상품 및 결제솔루션의 등록이 완료된다.

한편, 위에서 설명한 INIP2P는 HTML 명령어를 사용할 수 있는 카페(cafe), 블로그(blog) 및 다양한 웹사이트에서 상품을 판매하는 데 활용될 수 있다. 하지만, INIP2P를 사용하지 않더라도 연락받은 전화번호, 은행계좌 번호 등만 입력하여도 상품을 판매하는 데에는 아무런 문제가 없다.

3.5 블로그에서의 상품판매를 할 때의 고려사항

블로그에 상품을 등록하고 판매할 때에는 아래와 같이 확인하거나 문의를 하는 것이 필요할 것이다. 포털사이트, 세무서, 지방자치단체 등에 문의하고 확인하는 것이 좋다.

① INIP2P 서비스(www.inip2p.com)에 확인한다.

② 해당 포털사이트에 상품을 등록하고 판매해도 되는지에 대해 문의한다.

③ 사업자등록 및 통신판매업 신고에 대해 확인한다.

제 7 장

홍보동영상(UCC)을 활용한 홍보, 광고 및 상품판매

1. 동영상 편집 소프트웨어의 종류
2. 윈도우즈 무비메이커(Windows Movie Maker)의 주요 메뉴 구성
3. 윈도우즈 무비메이커를 활용한 동영상(UCC) 만들기
4. 윈도우즈 무비메이커를 제대로 활용하기
5. 무비메이커를 활용한 동영상(UCC) 만들기
6. 동영상(UCC)을 활용한 홍보 및 상품판매

1. 동영상 편집 소프트웨어의 종류

캠코더(camcorder), 스마트폰, 디지털카메라 등으로 촬영한 동영상 및 사진들을 편집하기 위해서는 아래와 같은 편집 소프트웨어를 사용할 수 있는데, 창업자들이 홍보를 목적으로 동영상을 편집하기에는 무비메이커가 가장 쉽고 편리하게 사용할 수 있다.

(1) 윈도우즈 무비메이커 (Windows Movie Maker)

Windows XP 환경에서 사용하는 동영상 편집 소프트웨어이다.

(2) 무비메이커 (Movie Maker)

Windows 7 및 8 환경에서 사용하는 동영상 편집 소프트웨어이다.

(3) 기 타

네이버 소프트웨어(software.naver.com)의 [동영상 편집] 카테고리에서 다양한 동영상 편집 소프트웨어에 대한 정보를 제공하고 있으며 무료로 다운 받을 수도 있다.

2. 윈도우즈 무비메이커(Windows Movie Maker)의 주요 메뉴 구성

윈도우즈 무비메이커(Windows Movie Maker)는 초보창업자들이 홍보동영상(UCC)을 쉽게 만들 수 있는 소프트웨어이며, 윈도우의 버전에 따라 조금 다르다. 따라서 창업자가 사용하고 있는 컴퓨터의 윈도우 버전에 적합한 무비메이커(Movie Maker)를 다음 자료실(file.daum.net) 혹은 네이버 자료실(software.naver.com)에서 다운 받아서 사용하면 된다. [그림 7-1]은 윈도우 XP 환경에서 운영이 되는 윈도우즈 무비메이커(Windows Movie Maker)의 초기화면이며, 주요 메뉴의 구성은 다음과 같다.

2.1 윈도우즈 무비메이커의 화면구성

[그림 7-1]에서 보듯이, 윈도우즈 무비메이커는 7개의 주요 화면으로 구성되어 있는데, 마우스로 하나씩 클릭을 해 보면서 확인을 해 보는 것이 필요하다.

① 제목표시줄

② 메뉴표시줄

③ 도구모음

[그림 7-1] 윈도우즈 무비메이커(Windows Movie Maker)

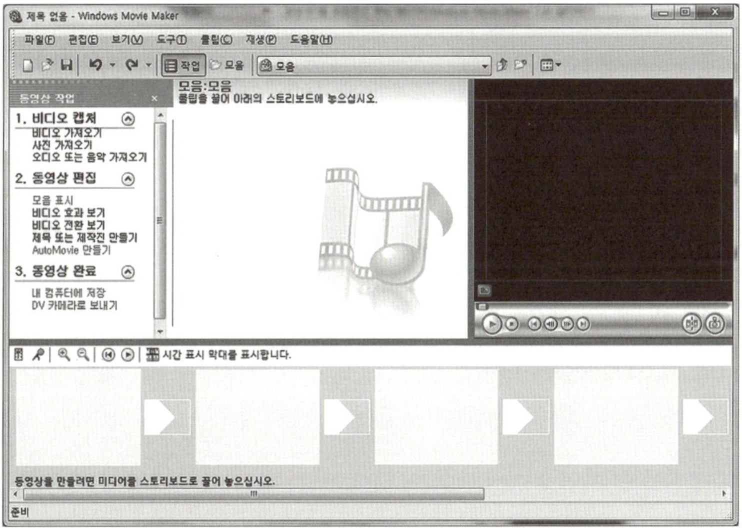

④ 동영상 작업(비디오 캡처, 동영상 편집, 동영상 완료)

⑤ 모음

⑥ 미리보기

⑦ 스토리보드/시간 표시 막대

2.2 미리보기

미리보기는 재생, 정지, 뒤로, 이전프레임, 다음프레임, 앞으로, 현재 프레임으로, 클립을 두 개로 분할 및 사진 찍기로 구성되어 있다. 미리보기는 동영상을 만들면서 작업한 내용을 확인하기 위해 사용한다.

2.3 도구모음

① 작업: 클릭하여 [동영상 작업] 창의 표시 유무를 결정한다.
② 모음: 모음 창의 유무를 결정한다.
③ 한 수준 위로: 모음도 폴더처럼 관리가 가능하며, 상위 모음으로 이동시킨다.
④ 새 모음 폴더: 새로운 모음을 만들어 준다.
⑤ 보기: 모음 표시 영역에 있는 사진과 동영상의 표시 방법과 정렬 방법을 선택한다.

2.4 스토리보드/시간 표시 막대 관련 도구모음

① 오디오 수준 설정: 동영상 원음과 오디오/음악 파일 사이의 볼륨을 조절한다.
② 시간 표시 막대 내레이션: 시간 표시 막대에서만 사용되는 기능으로 영상을 보면서 내레이션을 삽입할 수 있다.
③ 시간 표시 막대 확대/축소: 시간 표시 막대를 확대하거나 축소할 수 있다.
④ 시간 표시 막대 되감기: 플레이 헤드를 제일 앞으로 이동시

킨다.

⑤ 시간 표시 막대 재생: 플레이 헤드가 위치한 곳부터 미리보기 창에서 영상을 재생한다.

⑥ 스토리보드/시간표시 막대 전환: 스토리보드를 표시하거나 시간 표시 막대를 표시한다.

3. 윈도우즈 무비메이커를 활용한 동영상 (UCC) 만들기

3.1 동영상(UCC)을 만드는 기본 절차

① 윈도우즈 무비메이커(Windows Movie Maker)를 실행한다.

② [파일] → [새 프로젝트(N)]를 클릭한다.

③ 비디오 혹은 사진 가져오기: 홍보 동영상(UCC)은 휴대폰 혹은 디지털 카메라로 촬영한 비디오 및 사진들을 활용하여 만들게 되며, 비디오 가져오기 및 사진 가져오기를 이용하여 오른쪽의 콘텐츠 창([모음:모음] 박스)으로 가져온다. 또한 콘텐츠 창에 있는 비디오 혹은 사진들을 현재 프로젝트의 스토리보드/시간 표시 막대로 드래그할 수 있으며, 동영상 편집에 있는 [제목 또는 제작진 만들기]를 활용하여 스토리보드의 맨 앞부분 혹은 끝부분에 제목 혹은 제작진을 추가할 수도 있다.

④ [파일] → [프로젝트 저장]을 활용하여 현재 작업 중인 동영상(UCC) 프로젝트를 저장할 수 있으며, 향후 비디오 혹은 사진들을 추가하거나 수정하여 다른 동영상(UCC)을 만들 수도 있다.

⑤ [파일] → [동영상 파일 저장(M)]을 활용하여 웹사이트에

등록할 동영상(UCC)의 제작을 완료한다.

3.2 동영상(UCC)을 만드는 구체적인 절차와 방법

① 윈도우즈 무비메이커(Windows Movie Maker)를 실행한다.

② 휴대폰 혹은 디카로 촬영한 비디오 및 사진들을 [비디오 가져오기] 및 [사진 가져오기]를 이용하여 오른쪽의 콘텐츠 창([모음:모음] 박스)으로 가져온다([그림 7-2] 참조).

③ 콘텐츠 창([모음:모음] 박스)에 있는 비디오 혹은 사진들을

[그림 7-2] 비디오 가져오기

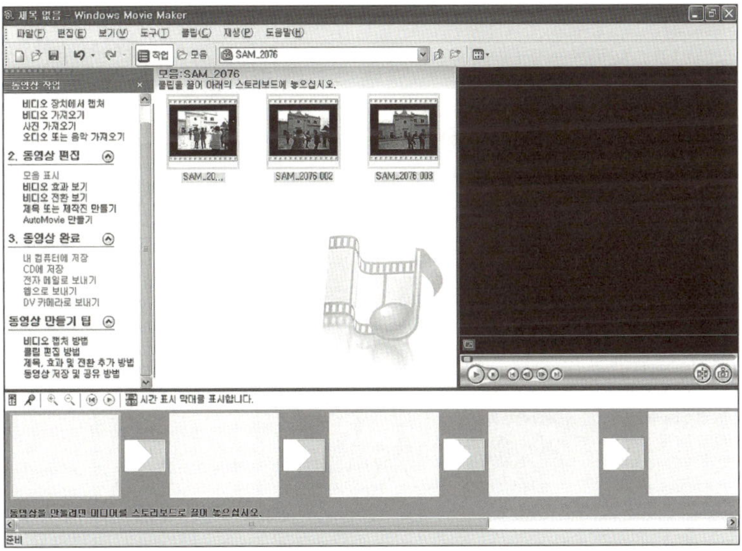

선택하여 아래의 [스토리보드]로 드래그한다. 그런데, 휴대폰 혹은 디카로 촬영한 하나의 비디오는 여러 개의 비디오로 분할이 되어 콘텐츠 창([모음:모음] 박스)으로 가져오게 되는데([그림 7-2]에서는 하나의 비디오가 3개로 분할된 것을 확인할 수 있다), 마우스를 사용하여 분할된 비디오 중에서 모두 선택하여 [스토리보드]로 드래그할 수도 있고, 특정 비디오만 선택하여 [스토리보드]로 드래그할 수도 있다([그림 7-3] 참조).

④ [미리보기]의 재생 버튼을 클릭하여 동영상이 제대로 실행

[그림 7-3] 비디오를 스트로보드로 끌어오기

이 되고 있는지를 확인한다. 특히 스토리보드에 등록되어 있는 사진의 경우에는 재생시간이 적당한지를 확인하는 것이 필요하다.

⑤ 스토리보드에 등록되어 있는 비디오 혹은 사진들의 재생시간을 조절하거나 비디오의 특정 부분을 삭제하기 위해서는 스토리보드에 있는 도구 중에서 '시간 표시 막대를 표시합니다.'를 클릭한 후에 작업을 하면 된다([그림 7-4] 참조).

⑥ [그림 7-4]에서 시간 표시 막대 확대(PgDn) 혹은 시간 표시 막대 축소(PgUp)를 활용하여 콘텐츠에 대한 세부 내용 수

[그림 7-4] 시간 표시 막대의 화면

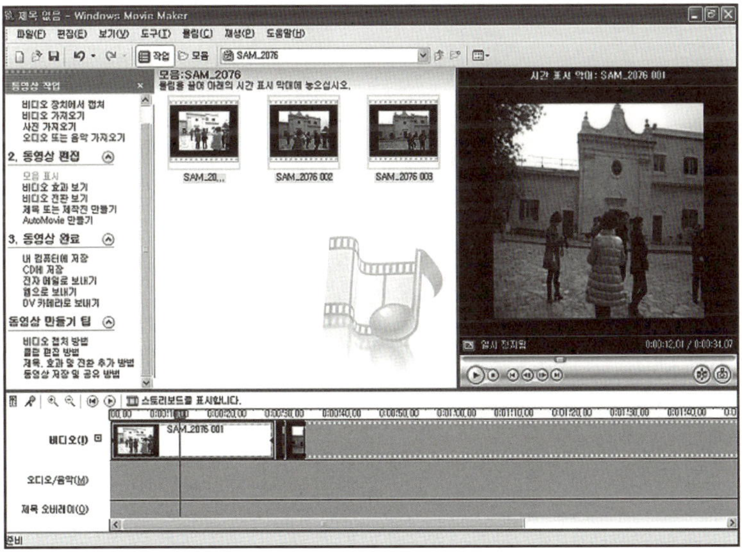

[그림 7-5] 사진 클립의 시간 조절

준을 변경할 수 있다. 예를 들어, 사진은 5초로 자동으로 채워지게 되는데, 시간 표시 막대를 확대(PgDn)한 후에 사진 클립의 가장 오른쪽을 마우스로 클릭한 후 왼쪽으로 드래그를 하여 재생시간을 조절하면 된다([그림 7-5] 참조).

⑦ [동영상 편집]에 있는 '제목 또는 제작진 만들기'를 활용하여 지금까지 만든 동영상에 다음과 같이 5가지 종류의 제목을 넣을 수 있으며, 제목을 입력한 후에 [동영상에 제목 추가 완료]를 클릭한다([그림 7-6] 참조).

[그림 7-6] 제목 또는 제작진 만들기

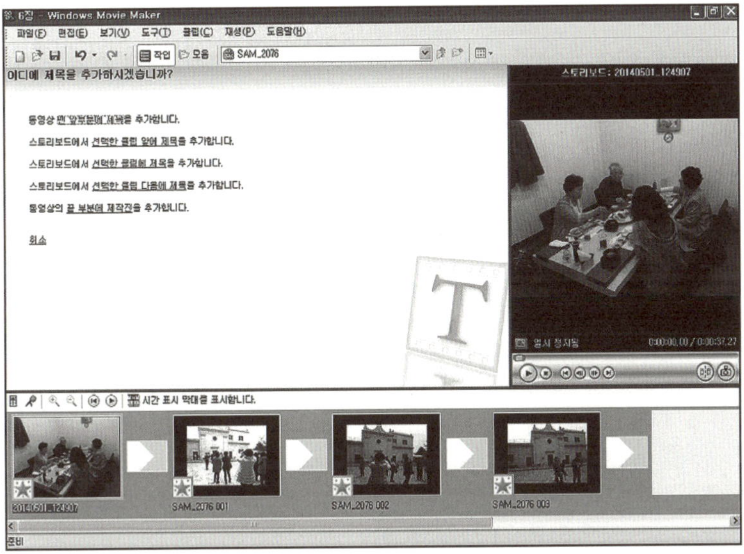

i) 동영상 가장 앞부분에 제목을 추가

ii) 시간 표시 막대에서 선택한 클립 앞에 제목을 추가

iii) 시간 표시 막대에서 선택한 클립에 제목을 추가

iv) 시간 표시 막대에서 선택한 클립 다음에 제목을 추가

v) 동영상 끝 부분에 제작진을 추가

⑧ 동영상 내에 음악 파일을 추가하려고 하면, 먼저 콘텐츠 창([모음:모음] 박스)에 음악 파일을 드래그(drag)해야 한다. 음악의 재생시간이 비디오 혹은 사진에 비하여 너무 긴 경우

에는 시간 표시 막대의 가장 오른쪽으로 이동하여 비디오 혹은 사진이 끝날 때까지로 줄여주면 된다(〈그림 7-5〉 참조).

⑨ 동영상 만들기가 완료되면, [파일]-[프로젝트 저장] 버튼을 눌러서 동영상 프로젝트를 저장한다. 동영상 프로젝트 파일은 *.MSWMM 파일의 형식으로 저장이 되는데, 향후 언제든지 내용을 수정할 수 있는 파일이다. 따라서 동영상 프로젝트 파일은 반드시 보관하는 것이 필요하다.

⑩ 제작한 동영상을 인터넷에 등록하여 홍보하기 위해서는 [파일] → [동영상 파일 저장(M)]을 선택하면 되는데, [내 컴퓨터]에 저장하기를 선택하면 된다.

i) 동영상의 파일 이름을 입력한다.

ii) 동영상의 저장 위치를 선택한다.

⑪ 저장된 동영상 파일을 클릭하여 동영상이 제대로 제작이 되었는가를 확인하고, 수정할 사항이 있으면 동영상 프로젝트 파일(*.MSWMM 파일)을 열어서 수정하면 된다.

4. 윈도우즈 무비메이커를 제대로 활용하기

앞에서 윈도우즈 무비메이커를 활용하여 동영상(UCC)을 만드는 방법을 설명하였으며, 윈도우즈 무비메이커의 효과적인 활용 절차는 아래의 10단계로 요약할 수 있다.

① 새로운 프로젝트 창을 만들고 동영상(UCC)의 이름을 설정한다.
② 콘텐츠 창([모음:모음] 박스)으로 비디오, 사진 및 오디오를 가져온다.
③ 스토리보드에 비디오, 사진 및 오디오를 등록한다.
④ 사진에 효과를 적용한다.
⑤ 전환 효과를 적용한다.
⑥ 동영상에 사운드(음악)를 삽입한다.
⑦ 내레이션(narration)을 삽입한다.
⑧ 동영상에 텍스트 효과를 적용한다.
⑨ 동영상 프로젝트 파일(*.MSWMM 파일)을 저장한다.
⑩ 인터넷에 등록할 동영상 파일을 저장한다.

5. 무비메이커를 활용한 동영상(UCC) 만들기

[그림 7-7]에서 보듯이 Windows 7 및 8 환경에서 사용하는 무비메이커는 Windows XP에서 사용하는 윈도우즈 무비메이커와는 메뉴 및 화면의 구성에서 약간 다르지만, 동영상을 만드는 방법에서는 조금 더 쉽고 편리한 것이 특징이다. 무비메이커를 활용한 동영상(UCC)의 제작 절차는 다음과 같다.

[그림 7-7] 무비메이커

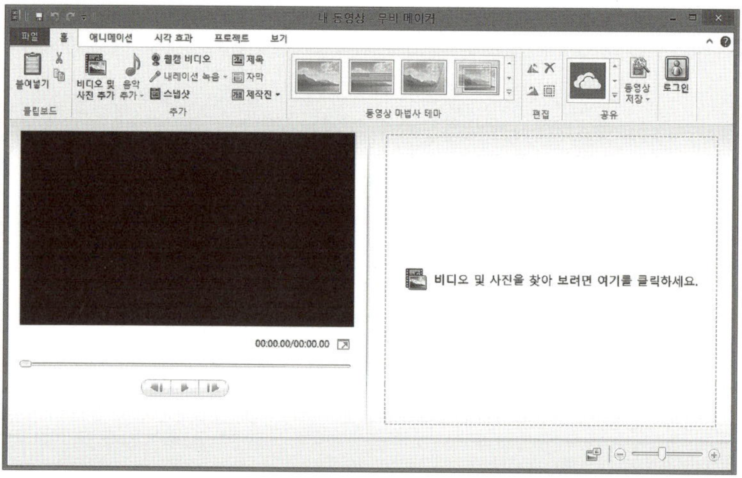

① [비디오 및 사진 추가]를 활용하여 비디오 및 사진을 추가한다.

② 사진은 [편집]-[재생시간]에서 재생시간을 조절한다.

③ 동영상에 [제목], [자막] 및 [제작진]을 넣는다.

④ 기타 다양한 기능을 사용하여 동영상의 완성도를 높인다.

⑤ [프로젝트 저장(S)]을 클릭하여 동영상 프로젝트 파일을 저장한다.

⑥ [동영상 저장]을 클릭한 후에 인터넷에 등록할 동영상을 컴퓨터용(C)으로 저장한다.

☞ **팟인코더(Pot Encoder)를 사용하여 동영상 변환 및 용량 줄이기**: 스마트폰으로 촬영한 mp4 파일의 동영상을 avi 파일의 동영상으로 변환할 때에는 팟인코더(Pot Encoder)를 활용하면 되는데, 동영상의 용량도 크게 줄어드는 효과가 있다. 팟인코더(Pot Encoder)는 다음(Daum)에서 무료로 다운받을 수 있다([그림 7-8] 참조).

[그림 7-8] 팟인코더(Pot Encoder)

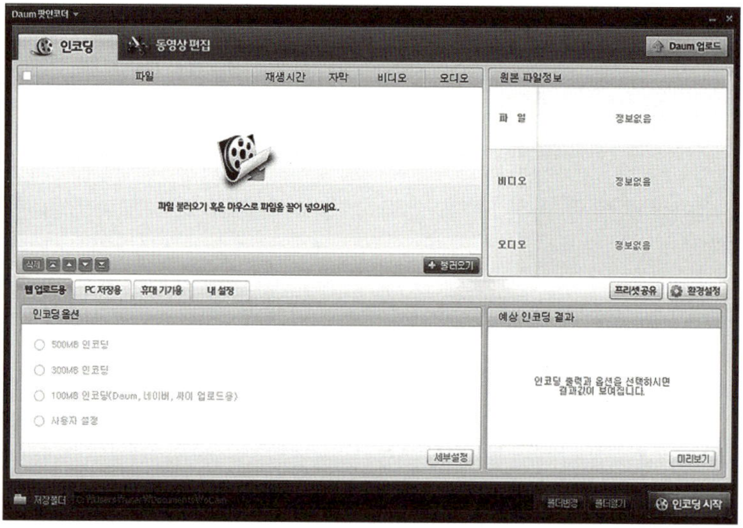

6. 동영상(UCC)을 활용한 홍보 및 상품판매

6.1 동영상(UCC)을 활용한 홍보

제작이 완료된 동영상(UCC)은 아래에서와 같이 다양한 사이트에 등록할 수 있는데, 많은 사람들이 접속하거나 검색하는 웹사이트에 등록하는 것이 홍보 효과가 좋다.

① 다음(www.daum.net): tv팟(tvpot.daum.net), 카페(cafe), 블로그(blog) 등에 등록할 수 있다.

② 네이버(www.naver.com): 카페(cafe), 블로그(blog) 등에 등록할 수 있다.

③ 유튜브(www.youtube.com)

④ 판도라TV(www.pandora.tv)

⑤ SNS: 트위터(www.twitter.com), 페이스북(www.facebook.com) 등에 등록한다.

⑥ 기타: 홍보를 위해 제작된 동영상을 등록할 수 있는 다양한 사이트에 등록한다.

또한 동영상(UCC)을 제작하거나 등록하는 과정에서 홍보 효과를 높이기 위해서 고려해야 할 점들은 아래와 같다.

① 동영상(UCC) 내에 회사의 주소, 전화번호 및 전자상거래 사이트의 주소 등을 하나의 사진(이미지)으로 만들어서 추가시키는 것이 좋으며, 사진(이미지)의 재생시간은 3~5초 정도로 설정하여 메모할 시간이 충분하도록 하는 것이 필요하다.

② 위에서 제시한 다양한 웹사이트에 등록한 동영상(UCC)의 설명부분에 기업의 웹사이트 주소를 포함시키는 것은 웹사이트의 홍보 및 접속에 많은 도움이 될 수 있다.

③ 최대한 많은 수의 동영상(UCC)을 제작하여 등록하는 것은 홍보의 효과를 높일 수 있으며, 이를 위해 10분 분량의 동영상 한 개를 2~3분 분량의 4~5개의 동영상으로 제작하여 동영상(UCC)의 수를 늘리는 것도 홍보 효과를 높이기 위해서 필요하다.

④ 동영상을 등록한 웹사이트에서 동영상별 플레이(play) 수를 조사하여 어떤 동영상을 많이 보았는지를 분석하는 것은 향후 추가적인 동영상을 제작할 때에 도움이 될 수 있다.

⑤ 동영상을 카카오톡(Kakaotalk)을 활용하여 전송할 수도 있는데, 팟인코더(Pot Encoder)를 활용하여 20M 이하로 용량을 줄이면 전송이 가능하다.

6.2 동영상(UCC)을 활용한 상품판매

특정 상품을 홍보하기 위한 목적으로 제작된 동영상(UCC)들은 상품판매를 위해서도 유용하게 활용될 수 있다. 예를 들어, 홍보를 하고 싶은 상품들을 동영상(UCC)으로 제작하여 유튜브(www.youtube.com)에 등록한 후에 상품을 판매하는 전자상거래 사이트들의 주소를 해당 동영상(UCC)의 댓글(comments)로 등록하면 된다([그림 7-9] 참조). 즉, 유튜브에서 특정 상품을 홍보하는 동영상을 본 고객이 댓글에 있는 전자상거래 사이트의 주소를 클릭하면, 상품을 구매할 수 있는 전자상거래 사이트로 접속할 수 있다. 이를 위해서는 아래와 같이 옥션에 스토어(store)를 개설하거나 G마켓에 미니샵(minishop)을 운영하는 것이 필요하다.

① 옥션 낭낭공주샵(http://stores.auction.co.kr/lhr1229)

② G마켓 낭낭공주샵(http://minishop.gmarket.co.kr/gongju1229)

[그림 7-9] 유튜브에 등록한 동영상을 활용한 상품판매

제 8 장

SNS 홍보, 광고 및 상품판매의 성과를 높이기 위한 전략

1. 인터넷 홈페이지의 운영
2. 이메일 및 문자의 발송
3. 언론을 활용한 홍보를 진행
4. 포털에서 키워드 광고의 진행
5. SNS 사이트의 주소를 포함시켜서 콘텐츠 등록
6. 소셜커머스의 활용
7. 상가책자 및 생활정보지를 활용한 홍보 및 광고
8. 앱을 활용한 홍보 및 광고
9. SNS 홍보, 광고 및 상품판매 사이트들의 상호 연결

SNS를 활용하여 다양한 홍보 및 광고를 효과적으로 진행하면서, 상품판매의 성과를 높이기 위해서는 다양한 전략들이 필요한데, 그 주요 내용들은 다음과 같다.

1. 인터넷 홈페이지의 운영

1.1 인터넷 홈페이지의 기본적인 개발절차

인터넷이 상업적으로 활용되면서 인터넷을 이용하여 기업체와 상품을 홍보하고 판매하려는 기업들이 급속하게 증가하고 있다. 하지만, 아직도 인터넷 홈페이지를 어떻게 개발하고 운영하는가에 대하여 잘 모르는 사람들이 매우 많다. 또한 인터넷 홈페이지의 개발이 매우 어렵고 힘들다고 생각하여 인터넷 홈페이지의 운영을 기피하는 기업체도 많다. 하지만, 인터넷 홈페이지는 2~3개월만 배우면 누구나 큰 부담 없이 초보적인 수준의 웹사이트는 직접 만들어서 사용할 수 있는 것이 사실이고, 아무리 전문업체가 개발해 준다고 하더라도 최소한의 수정 및 운영은 직접 할 수 있는 능력을 갖추어야 한다. 일반적으로 인터넷 홈페이지의 개발과정은 아래와 같이 설명할 수 있다.

첫째, 인터넷 홈페이지를 개발하려면 편집기인 에디터가 있어야 하는데, 요즈음은 웹에디터(예: EditPlus), 나모웹에디터 등이 많이 활용되고 있으며, 윈도우에서 기본적으로 제공되는 메모장을 이용해도 된다. 웹에디터와 나모웹에디터는 인터넷에서 무료로 다운 받아서 사용하면 되는데, 초보자의 경우에는 에디트플러스(EditPlus)를 다운 받아서 사용하면 된다.

둘째, 어떤 개발 툴(tool)을 사용할 것인가를 결정해야 하는데, 초보자의 경우에는 HTML과 그래픽 툴인 포토샵(Photoshop) 혹은 페인트샵(PaintShop)을 사용하면 된다. HTML의 경우에는 사용법을 익히는 데 약 2~3주가 소요되며, 포토샵 혹은 페인트샵은 약 3~4주가 소요되어 총 1~2개월만 배우면 인터넷 홈페이지를 만들 수 있다.

셋째, 인터넷 홈페이지에 상품의 사진을 올리고자 하는 경우에는 사진을 스캐너라는 장비를 이용하여 이미지 파일로 변경해야 하는데, 스캐너는 저렴하게 구입하거나 복사실, 컴퓨터 판매점 등에서 일정한 비용을 지불하고 사용할 수 있다. 요즈음은 스캐너는 별로 사용하지 않고, 디지털카메라 혹은 휴대폰을 이용하여 촬영하면 된다.

넷째, 인터넷 홈페이지에 접속하는 사람의 숫자를 알아볼 수 있는 카운터(counter)를 설치해야 하는데, 카운터를 무료로 제공하는 인터넷 사이트들이 많다. 인터넷으로 상거래를 하고자 하는 경우에 홈페이지에 접속하는 수를 늘리는 것은 매우 중요하다. 접속자의 숫자가 많다는 것은 그만큼 홈페이지 혹은 상품의 홍보가 잘 되고 있다는 의미이며, 그에 따라 장기적으로 판매의 증대를 기대할 수 있다. 요즈음은 카운터를 설치하는 대신에 웹사이트 순위를 매겨주는 사이트에 등록을 해도 된다. 예를 들어, 랭키닷컴(www.rankey.com)에 등록해 두면 경쟁 웹사이트와 비교해서 자사 웹사이트의 순위 및 방문객의 수를 자동적으로 알 수 있다. 즉, 경쟁기업과 비교한 자사의 순위를 파악할 수 있기 때문에 경쟁전략의 수립 및 집행에 많은 도움이 될 수 있다.

다섯째, 새로운 정보를 제공하는 게시판, 방문자가 글을 남길 수 있는 방명록, 좋은 자료를 공유할 수 있는 자료실, 그리고 새로운 소식을 알려주는 새소식 등과 같은 게시판들도 홈페이지를 개발함에 있어서 반드시 포함되어야 할 기능이다. 하지만, 이러한 것들을 개발하기 위해서는 상당한 기술과 전문적인 지식을 필요로 하는데, 무료로 제공하는 인터넷 사이트들이 많이 있다.

여섯째, 지금까지의 과정을 거쳐서 개발한 인터넷 홈페이지를 웹 서버에 설치하여 운영해야 하는데, 초기단계에서는 매월 1~5만원을 지불하고 웹 서버를 빌릴 수 있는 웹 호스팅 서비스를 받는 것이 좋다. 웹 호스팅 서비스를 받는 경우에는 앞에서 언급한 카운터, 게시판, 방명록, 자료실, 새소식 등을 무료로 제공받을 수도 있다.

일곱째, 가입한 회원들에게 정기적인 정보를 발송하기 위해서는 메일링 솔루션이 있어야 한다. 회원관리도 하고 정기적인 메일도 발송할 수 있는 기능이 필요한데, 전문업체에 의뢰하여 개발을 하는 것이 좋다. 요즈음은 전체 회원들을 대상으로 하는 무작위 메일 발송보다는 특정 고객에 대한 맞춤 관리 및 메일링을 위해 CRM(customer relationship management) 솔루션을 많이 사용한다.

마지막으로, 인터넷 홈페이지는 주기적으로 정보를 변경해 주고, 새로운 정보를 지속적으로 제공해 주는 것이 필요한데, 이러한 경우에 새로 개발한 홈페이지의 내용을 FTP(File Transfer Protocol)라는 소프트웨어를 이용하여 전송해야 한다. FTP 프로그램 역시 인터넷에서 무료로 다운 받아서 사용하면 된다.

지금까지 설명한 절차를 따라서 하면 기업체, 단체, 개인 등이 필요로 하는 인터넷 홈페이지를 개발하여 운영할 수 있다. 그런데 중요한 것은 인터넷 홈페이지에서 기업이 개설하여 운영하고 있는 다양한 종류의 SNS사이트로 연결(link)이 될 수 있도록 하는 것이라고 할 수 있다. 즉, 기업의 홈페이지를 메인(main) 사이트 혹은 시작페이지로 생각하고, 기업의 홍보, 광고 및 상품판매를 담당하는 여러 SNS 사이트들이 상호 연결되어 연동될 수 있도록 하는 것이 필요할 것이다.

1.2 웹사이트 이름의 선정

인터넷 홈페이지를 운영할 때에 반드시 생각해야 하는 것이 바로 웹사이트의 이름(도메인 네임, domain name)을 등록하는 것인데, 박영만(2003. 10)은 성공적인 웹사이트 '이름'을 위한 10가지 원칙을 다음과 같이 제시하고 있다.

① 고유명사로 하면 좋다(고유명사처럼 만들고 조합해도 좋다).

② 가능한 한 짧게 한다.

③ 단순해야 한다(적은 수의 알파벳으로 구성).

④ 해당 분야를 암시하면 더 좋다.

⑤ 독특해야 한다.

⑥ 운율이 있어야 한다(브랜드는 소리로 기억된다).

⑦ 말하기 쉬워야 한다(입에서 입으로 전달하기 쉬워야 한다).

⑧ 충격적이어야 한다.

⑨ 먼 미래에도 통할 수 있어야 한다.

⑩ 사람과 관련이 있으면 더욱 좋다.

요즈음은 웹사이트의 이름 즉 도메인 네임(domain name)을 선정할 때에는 영어 도메인과 한글 도메인을 함께 사용하는 경우도 많은데, 사실 인터넷이 국제적인 네트워크라는 것을 감안하여 굳이 한글 도메인을 사용할 필요가 있는가 하는 문제가 제기될 수 있다. 저자의 경우에는 한글 도메인에 대해 부정적인 시각을 갖고 있다. 한국 사람만을 위해서 홈페이지를 만들고 운영하는 것은 아니라는 것이 그 이유 중의 하나이다. 도메인 네임(domain name)은 아래의 사이트에서 구입할 수 있는데, 포털사이트에서 도메인 구매 혹은 도메인 구입이라고 검색하면 다양한 사이트를 찾을 수 있다.

① 후이즈(whois.co.kr)

② 아이네임즈(www.inames.co.kr)

③ 가비아(www.gabia.com)

④ 고도도메인(domain.godo.co.kr)

⑤ 50%할인 반값도메인(www.halfdomain.co.kr)

1.3 웹프로모션 전략

인터넷 홈페이지를 만든 후에 해야 하는 중요한 일은 바로 보다 많은 사람들에게 홈페이지를 홍보하고 광고하여 자주 접속하도록 해야 하는 것인데, 이것을 웹프로모션(web promotion) 전략이라고 한다. 즉, 웹프로모션이란 웹사이트의 활성화를 위한 검색엔진 등록에서 키워드 광고, 각종 온라인 프로모션을 총괄하는 용어인데, 웹프로모션의 핵심은 크게 두 가지로 요약할 수 있다. 하나는 어떻게 하면 보다 많은 사람들이 창업자의 웹사이트에 접속하도록 할 것인가 하는 것이며, 다른 하나는 어떻게 웹사이트가 추구하는 실질적인 성과를 올릴 것인가 하는 것이다.

여기에서 실질적인 성과란 상품 및 서비스에 대한 주문, 콘텐츠 활용, 문의 및 상담 등 그 사이트가 목표로 하는 비즈니스적인 성과를 말한다. 일반적으로 웹프로모션을 위해 많이 사용하는 방법들은 다음과 같다.

① 검색엔진 등록: 정보의 바다인 인터넷에서 필요한 정보를 찾기 위한 지도 역할을 하는 것이 검색엔진이며, 찾고자 하는 검색어를 입력했을 때 그 단어를 포함하고 있는 웹 서버의 주소 목록을 알려주는 기능을 한다. 현재 국내에서는 다

음(Daum), 네이버(Naver), 네이트(Nate) 등의 포털사이트들의 검색엔진에 웹사이트를 등록하는 것이 가장 효과적이다.

② 배너교환(banner exchange): 배너는 인터넷에 접속된 최초의 화면이나 정보검색소프트의 화면 한구석에 나와 있는 띠를 말하는데, 배너교환은 웹사이트를 서로 연결시키기 위해서 배너를 상호 교환하는 것이다.

③ 블로그(blog) 및 카페(cafe)의 운영: 다음(Daum) 및 네이버(Naver) 등에서 블로그 및 카페를 운영하면서 기업의 홈페이지를 홍보하는 것도 접속자의 수를 증가시키는 데 도움이 될 수 있다.

④ 스폰서 및 키워드 광고 진행: 다음(Daum), 네이버(Naver), 네이트(Nate) 등의 사이트에서 키워드 광고를 진행하는 것은 홈페이지 접속을 증가시키는 데 가장 큰 도움이 된다.

⑤ 전자우편(e-mail) 발송: 평소에 사람들을 만나면서 받은 명함에 있는 메일주소로 전자우편(e-mail)을 발송하면서 기업의 홈페이지를 홍보할 수 있는데, 회원 가입시에 다양한 혜택을 제공하는 경우에 접속자의 수는 지속적으로 증가될 수 있다.

⑥ 온라인 커뮤니티를 활용한 홍보: 많이 사람들이 접속하면서 활동을 하고 있는 다양한 커뮤니티에서 기업의 홈페이지를 홍보할 수 있을 것이다. 랭키닷컴(www.rankey.com)에 의하면, 커뮤니티는 아래와 같이 6가지로 세분할 수 있다.

i) 블로그 및 SNS

ii) 커뮤니티포털

iii) 분야별커뮤니티

iv) 어린이커뮤니티

v) 여성커뮤니티

vi) 학교커뮤니티

⑦ 컨테스트 및 경품행사 진행: 홈페이지를 정식으로 오픈할 때에 다양한 컨테스트 혹은 경품행사를 개최하는 것은 홈페이지의 홍보 및 접속에 큰 영향을 미치게 된다.

⑧ 오프라인 매체활용(신문, 방송 등): 신문이나 TV방송에 홈페이지의 주소가 노출되면, 그로 인한 홍보효과는 많은 돈을 지불하고 진행하는 광고에 비해 더 큰 효과를 볼 수 있다.

⑨ 온라인 게시판을 활용한 홍보: 사람들이 많이 방문하는 홈페이지의 게시판에 홍보를 하는 것도 상당한 홍보효과가 있다. 특히 언론사, 지방자치단체, 대기업 등의 게시판에는 많은 사람들이 글을 등록하기도 하고 등록된 글을 읽기도 하는데, 이러한 온라인 게시판에서의 홍보는 비용도 들지 않으면서 홍보효과도 크다고 할 수 있다.

⑩ 기타: 동호인을 활용하여 홍보하는 것도 홍보효과가 좋으며, 사람들이 많이 다니는 곳에 현수막을 설치하는 것도 홍보에 많은 도움이 될 수 있다.

사실, 예비창업자의 입장에서 위에서 언급한 웹프로모션의 방법들을 모두 활용한다는 것은 쉬운 일이 아니다. 그렇기 때문에 우선 본인이 할 수 있는 것부터 선택하여 하나씩 진행해야 하는데, 가장 먼저 해야 하는 것은 바로 검색엔진 등록, 블로그(blog) 및 카페(cafe)의 개설, 온라인 게시판에 글 등록 등의 방법을 활용하면 효과가 있다. 언론매체의 경우에는 기자들에게 보도자료를 작성하여 보냄으로써 기사화가 되고 이를 통해 방문객들이 늘어나는 것을 알 수 있는데, 이를 위해서는 기자들이 관심을 가질 수 있는 기사거리가 있어야 한다.

한편, 박영만(2003)은 웹프로모션을 위한 효과적인 전략을 다음과 같이 제시하고 있다.

① 전체적인 모습을 먼저 그린다. 마케팅 담당자들을 위한 가장 귀중한 조언 중 하나는 항상 마무리를 생각하며 시작해야 한다는 것이다. 즉, 웹사이트를 만들려고 생각을 하였다면, 시작 전에 사이트 전체 모습을 확실히 계획하고 시작하는 것이 중요하다는 것이다.
② 앞부분에 신경 쓴다. 첫 번째 페이지에서 사용자가 사이트에 대해 알아야 할 것, 즉 사이트의 목적, 아이템과 정보의 위치 등을 구체적으로 밝혀 주어야 한다.
③ 매일 새로운 정보를 올려 주어야 한다. 사이트에 있는 정보는 항상 하루 단위로 업데이트를 할 필요가 있는데, 항상 자사의 고객이 가장 흥미를 느낄 만한 최신 정보를 올려야

한다. 그리고 고객들이 정기적으로 방문할 만한 기회를 계속 제공하는 것이 필요하다.

④ 그래픽(graphic)에 대해 자제를 해야 한다. 웹사이트에서 그래픽은 사람들을 자극시키고 관심을 끌기 위해 필요하지만, 사용자의 눈길을 끌 수 있는 정도를 초과하면 곤란하다. 따라서 그래픽이 들어가는 부분에서 사용자가 어떤 정보를 얻어야 할 것인가를 먼저 파악하고, 그래픽이 정보를 얻는 데 도움이 되지 않거나 오히려 방해가 된다면 과감하게 없애는 것이 필요하다.

⑤ 쌍방향을 생각해야 한다. 쌍방향은 인터넷의 가장 중요한 장점 중의 하나인데, 사용자가 웹사이트에서 대화하고, 내려 받고, 만들고, 부탁하고, 정보를 추가하는 등의 인터렉티브(interactive)한 활동을 할 수 있도록 해야 한다. 즉, 네티즌들이 정해진 주제를 갖고 토론할 수 있는 공간이라든지 자세한 정보를 파일로 내려 받을 수 있는 시스템, 그리고 사용자 자신이 선택한 정보를 스스로 관리할 수 있는 시스템을 만들어 주는 것이 필요할 것이다.

⑥ 고객과의 의사소통을 보다 쉽고 빠르게 할 수 있어야 한다. 웹사이트에 회사의 주소와 연락처를 명시하는 것은 기본적이며, 사용자가 전자우편이나 전자적인 폼을 통해 언제든지 회사에 피드백을 줄 수 있어야 한다.

1.4 홈페이지를 개설하기 전에 고려해야 하는 사항

① 전통적인 방법으로 홈페이지를 개발할 것인지 아니면 카페(cafe), 블로그(blog), 페이스북의 페이지 등을 활용하여 개발할 것인지를 고려하는 것이 필요하다. 즉, 카페(cafe), 블로그(blog), 페이스북의 페이지도 기업의 홈페이지로서 충분히 활용이 가능하다는 것이다.

② 홈페이지를 개설한 이후에는 다양한 웹프로모션 전략을 통해서 접속자 및 가입자의 수를 증가시킬 수 있는데, 매일 새로운 콘텐츠를 등록하는 것도 접속자 및 가입자의 수를 증가시키는 데 많은 도움이 될 수 있다. 장기적으로 보면, 새로운 콘텐츠를 지속적으로 등록하는 것이 웹프로모션 전략보다 더 유리할 수 있다는 것도 고려해야 한다.

③ 홈페이지를 수정하고 관리하는 담당자가 있어야 하는데, HTML, FTP(File Transfer Protocol) 및 포토샵을 효과적으로 사용할 수 있어야 한다.

④ 기업의 홈페이지가 여러 개인 경우에는 HTML을 활용하여 상호 연결시킬 수 있어야 한다.

⑤ 규모가 작은 홈페이지 개발업체에 의뢰하는 경우에는 갑작스러운 개발업체의 도산으로 인한 홈페이지의 운영 중단에 대한 대책도 마련할 필요가 있다.

2. 이메일 및 문자의 발송

이메일 발송 및 휴대폰 문자메시지를 통해 홍보하는 경우가 많은데, 수 백개 혹은 수 천개 이상의 이메일과 문자를 발송하기 위해서는 [그림 8-1]의 포스트맨(www.postman.co.kr)과 같은 전문사이트를 활용하는 것이 편리하다. 포스트맨의 주요 활용방법은 아래와 같다.

[그림 8-1] 포스트맨의 초기화면

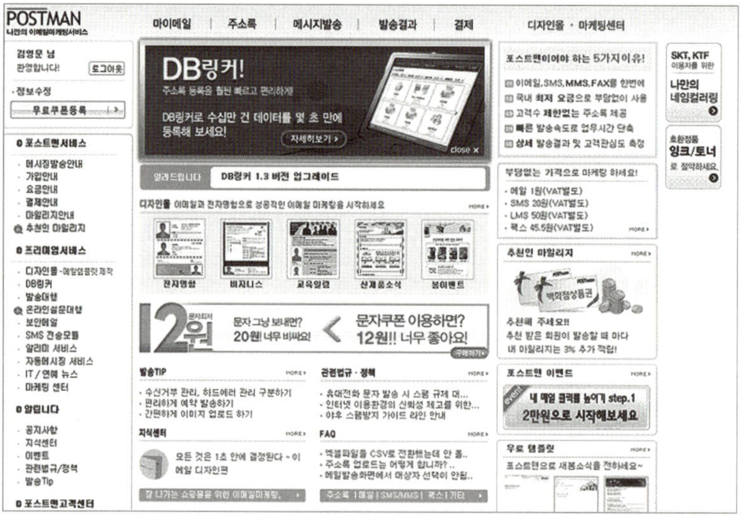

① 포스트맨(www.postman.co.kr)에서는 대량 이메일 발송, 대량 SMS/MMS 발송, 대량 팩스 발송, 주소록 관리, 발송결과 확인, 프리미엄 서비스 등의 기능을 제공하고 있다.

② 포스트맨에서는 엑셀(Excel)을 이용하여 이름, 이메일 주소, 휴대폰 번호 등을 입력하여 파일로 저장한 후에 포스트맨의 [주소록]에 등록하면 되는데, 주소록 등록방법에 대해서는 [동영상 보기]를 클릭하면 자세하게 설명되어 있다.

i) 엑셀에서 파일형식을 텍스트(탭으로 분리)로 저장한다.

ii) 포스트맨(www.postman.co.kr)의 [주소록]에서 새로 추가할 그룹명을 입력한 후에 [신규그룹등록]을 클릭한다.

iii) 이메일 주소를 등록할 그룹명을 선택한 후에 고객등록(대량)을 선택한다.

iv) 구분자를 [탭]으로 지정한 후에 저장된 텍스트 파일을 찾아서 등록하면 된다.

③ [메시지발송]에서 [이메일 DB링크발송]을 선택하면 주소록에 저장되어 있는 이메일주소로 이메일을 발송할 수 있는데, 이메일 주소 1개에 1원을 지불하면 된다.

④ [메시지발송]에서 [SMS/MMS DB링크발송]을 선택하면 주소록에 저장되어 있는 휴대폰 번호로 문자를 발송할 수 있는데, 휴대폰 번호 1개에 18~20원을 지불하면 된다.

⑤ [발송결과]에서 [메일발송리포트] 혹은 [SMS/MMS 발송리포트]에서 이메일 혹은 문자 발송의 결과를 확인할 수 있

다. 아울러, 이메일 혹은 문자가 발송되지 못한 경우에 그 원인도 알 수 있다.

⑥ 포스트맨의 장점은 메일 혹은 문자의 도착 및 열람에 대해 확인을 할 수 있다는 것이다. 즉, 문자가 도착을 했는지 혹은 휴대폰 번호가 없어서 문자가 도착하지 않았는지에 대한 정보도 제공해 준다는 장점이 있다.

⑦ 포스트맨 외에도 문자 혹은 메일을 발송할 수 있는 유로 사이트들은 매우 다양한데, 각 사이트들 간의 차이점을 확인한 후에 사용하는 것도 필요할 것이다.

3. 언론을 활용한 홍보를 진행

3.1 언론을 활용한 홍보를 적극적으로 진행

언론홍보는 기업, 단체 또는 관공서 등의 조직체가 커뮤니케이션(communication) 활동을 통하여 스스로의 생각이나 계획, 활동, 업적 등을 널리 알리는 활동을 말하는데, 광고의 대가를 지불하지 않는다는 특징이 있다. 즉, 신문, 잡지, 라디오, TV뉴스 등에 기업의 제품이나 서비스 혹은 기업 이미지를 뉴스거리로 제공할 수가 있다(박진용, 2005. 6. 25).

사실, 창업기업의 경우에는 언론을 잘 활용하면 돈을 거의 들이지 않고도 엄청난 홍보효과를 기대할 수 있는데, 대부분의 벤처 혹은 창업보육센터 입주기업들의 경우에는 홍보를 전담하는 직원이 없는 실정이다. 또한 언론을 통한 홍보의 중요성은 인식하고 있지만, 언론에 부탁을 해야 한다고 생각하거나 많은 돈 혹은 든든한 인맥이 있어야 가능하다는 생각을 하고 있다. 하지만, 많은 언론관계자들을 만나보면 기사거리가 될 만한 정보에 목말라 하고 있으며, 좋은 기사거리를 늘 원한다는 것을 알 수 있다.

저자가 1998년 8월부터 창업분야에서 일한 경험을 토대로 언론을 활용한 효과적인 홍보방법을 제시하면 다음과 같다. 사실,

일부 벤처기업들 중에는 언론에 기사 외의 다른 수단으로 접근하는 경우가 많은데 그것은 잘못된 것이며 평생 동안 함께 갈 좋은 친구를 사귄다는 마음으로 언론에 접촉하는 것이 좋을 것이다.

① 언론에게는 좋은 기사를 준다는 생각을 가져야 한다. 일시적인 목적을 달성하기 위해 과장되거나 사실과 다른 자료를 언론에 보냈을 때에는 장기적으로 창업기업의 신뢰에 큰 손실을 감수해야 함을 생각해야 한다.

② 회사에서 신제품 및 신기술을 개발했거나 새로운 경영성과가 있을 때에는 보도자료를 작성하여 언론에 메일로 발송하면 된다. 이런 것도 보도가 되겠나 하는 부정적인 생각보다는 기자의 입장에서 판단할 수 있도록 맡기면 되는 것이다.

③ 창업기업의 사회적 책임을 생각하고, 이윤추구 외의 사회적 활동에도 적극 참여한다. 요즈음 많은 벤처기업에서도 공익적 활동에 참여함으로써 자사의 인지도 혹은 신뢰성을 높이는 활동에 적극 참여하고 있는 실정이며, 그렇게 함으로써 자연스럽게 언론에 노출될 수 있다는 것이다.

④ 인터넷 언론을 효과적으로 활용하는 것은 매우 중요하다. 현재 국내에는 신문을 제작하는 언론과 인터넷에서만 존재하는 언론으로 구분할 수 있다. 인터넷 언론은 상대적으로 보도될 가능성이 더 높으며, 언론보도로 인한 효과 또한 신문을 제작하는 언론사에 비해 결코 떨어지지 않는다. 주요

언론사는 연합뉴스(www.yonhapnews.co.kr), 뉴스와이어(www.newswire.co.kr), 뉴시스(www.newsis.com), 프레시안(www.pressian.com) 등이 있다.

⑤ 특정 언론사의 기사가 다음(Daum), 네이버(Naver), 구글(Google), 네이트(Nate) 등의 포털에 등록되는가 하는 것을 확인해야 한다. 이러한 포털에 기사가 등록되는 언론사가 상대적으로 더 효과가 있다는 것을 생각해야 하는데, 포털에 등록된 기사들은 포털 사이트가 폐쇄되지 않으면 영구적으로 기사 검색이 가능하기 때문이다.

⑥ 언론에 보도 자료를 배포할 때에는 기업이 개설하여 운영하고 있는 다양한 종류의 SNS사이트들로 연결(link)이 될 수 있는 기업의 메인(main) 사이트가 포함되도록 하는 것이 필요할 것이다.

3.2 뉴스와이어와 뉴시스의 이해와 활용방법

창업을 하면 판매하는 상품과 서비스를 고객들에게 알려야 하는데, 돈이 많이 들어가는 광고보다는 언론홍보를 활용하는 것이 좋다. 우선 언론홍보는 고객들에게 신뢰를 주고 언론기사가 다음, 네이버, 네이트, 구글 등의 포털에서 검색이 되기 때문에 홍보의 범위가 넓으면서 효과가 오래 지속된다는 장점이 있다.

하지만, 초보창업자가 언론에 홍보를 한다는 것은 쉬운 일이 아니다. 특히 신문을 제작하고 있는 언론사에 기사를 게재하는 것은 매우 힘든 일이라고 할 수 있다. 그렇기 때문에 사이버 공간에 존재하는 언론사를 우선적으로 찾아보는 것이 좋은데, 처음에는 뉴스와이어(www.newswire.co.kr), 뉴시스(www.newsis.com), 연합뉴스(www.yonhapnews.co.kr) 등을 활용하여 언론홍보를 시작해 보는 것도 좋은 방법이다.

(1) 뉴스와이어 (www.newswire.co.kr)

뉴스와이어에서는 기업의 보도 자료를 효과적으로 홍보할 수 있는 다양한 서비스를 제공하고 있는데, 언론과 포털에 10회 단위로 보도 자료를 전송할 수 있는 쿠폰을 저렴한 가격에 미리 구입하여 사용하면 된다. 자세한 내용은 [서비스 안내] 메뉴에서 [보도자료 서비스]의 [서비스 신청]에서 확인할 수 있다. 뉴스와이어 서비스는 다음, 네이트, 구글 등에 보도 자료가 등록된다는 장점이 있다.

(2) 뉴시스 (www.newsis.com)

뉴시스는 뉴시스와이어(www.newsiswire.co.kr)에서 보도 자료를 작성하고 배포하는 서비스를 제공하고 있는데, 보도 자료를 보낼 수 있는 포인트를 10회 단위로 구매하면 된다. 뉴시스의 보도자료들은 다음, 네이트 등의 주요 포털에 등록된다는 특징이 있다.

한편, 뉴스와이어와 뉴시스를 효과적으로 활용하기 위해서는 언론에 보도될 만한 것이 있어야 하는데, 다음과 같은 방법을 활용하면 효과적이다.

① 새로운 기술의 개발, 제품의 출시, 새로운 시장의 진출, 해외 수출계약, 새로운 공장 및 시설의 설치 등 무엇인가 새로운 성과가 있을 때마다 보도자료를 작성하여 배포한다.
② 보도자료를 배포할 때에는 반드시 관련 사진도 함께 등록한다. 또한 보도자료 내에 창업기업의 웹사이트 주소 및 전화번호를 반드시 포함시키는 것이 좋은데, 그렇게 해야 보도자료의 효과가 장기간 지속될 수 있다.
③ 보도된 기사는 반드시 스크랩을 한 후에 회사의 웹사이트, 카페(cafe)와 블로그(blog), 트위터, 페이스북 등에 추가적으로 등록한다. 그렇게 하면 하나의 기사가 여러 개의 사이트에 등록되며, 그만큼 홍보효과는 커진다.
④ 뉴스와이어 및 뉴시스 외에도 연합뉴스(www.yonhapnews.co.kr)에서도 일정 비용을 받고 보도자료를 배포하고 있는데, 자세한 것은 홍보기획부(02-398-3551, 3569, dcon@yna.co.kr)로 문의하면 된다.

3.3 언론홍보를 위한 메일주소의 확보 방법

언론홍보를 위해 가장 중요한 것은 창업한 업종과 관련된 기사를 작성하고 보도하는 기자들의 메일주소를 확보하는 것이라고 할 수 있는데, 저자의 경험으로는 아래의 방법들이 있다.

① 먼저 기자들의 명단을 확보해야 하는데, 신문과 방송(라디오, TV)으로 구분하여 조사하는 것이 필요하며, 동시에 중앙지 기자와 지방지 기자들을 구분하여 메일 주소를 수집하는 것이 필요하다.

② 미디어다음(media.daum.net), 네이버 뉴스(news.naver.com), 구글 뉴스(news.google.co.kr) 등에서 창업한 업종과 관련된 기사들을 검색하여 기자의 이름과 메일주소를 수집할 수 있다. 예를 들어, '커피숍' 키워드로 검색을 하면 커피숍 창업과 관련된 기사를 작성한 기자들의 이름과 메일 주소를 파악할 수 있다.

③ 대체로 기자들은 담당업무가 2~3년 주기로 변경되기 때문에 2~3년에 한번은 언론사별로 창업한 업종과 관련된 기사들을 작성하는 기자의 이름 및 메일주소를 수집하고 재정리하는 것이 필요하다.

④ 언론 보도자료를 배포하고 나면, 가끔 추가적인 취재를 위하여 기자들로부터 전화를 받게 되는데, 이때에는 반드시 기자들의 휴대폰 번호를 알아두는 것도 향후 추가적인 언론보도를 위해서 필요하다.

4. 포털에서 키워드 광고의 진행

창업기업에서 홍보, 광고 및 상품판매를 위해 운영하는 다양한 종류의 SNS 사이트들을 많은 사람들에게 홍보하거나 접속하도록 하기 위해서 가장 효과적인 방법이 바로 키워드 광고라고 할 수 있다. 물론 모든 SNS 사이트들에 대해 키워드 광고를 진행할 수 있는 것은 아니지만, 요즈음은 키워드 광고를 진행할 수 있는 방법이 다양하고 점점 더 발전되어 가고 있기 때문에 키워드 광고가 가능한 SNS 사이트들을 선별한 후에 적극적으로 키워드 광고를 진행하는 것이 필요하다.

키워드 광고는 특정 키워드, 즉 검색어의 검색결과에 관련 있는 업체광고를 게재하는 100% 타겟팅된 맞춤광고 서비스이다. 키워드 광고는 해당 키워드를 검색하는 고객에게만 사이트를 홍보할 수 있어 보다 잠재 구매력이 높은 고객을 자신의 사이트로 이끌어준다. 이러한 키워드 광고는 크게 두 가지 방식으로 설명할 수 있는데(김영문, 2009), 국내 주요 포털사이트에서의 키워드 광고가 자주 변경된다는 것을 고려할 필요가 있다.

4.1 CPC (cost-per-click) 방식 광고

검색이 일어난 후에 노출되는 횟수에 상관없이 고객이 사이트를 클릭했을 때에 비용이 지불되는 방식을 말한다. 즉, 광고주가 원하는 금액만큼 일정금액을 먼저 예치시킨 다음에 키워드 검색의 결과에 사이트를 노출시키고, 링크되어 있는 사이트를 클릭했을 때에 클릭당 비용을 차감시켜 나가는 방식을 말한다. 오버추어, 구글의 스폰서 링크와 네이버에서 진행하는 클릭초이스(파워링크, 비즈사이트) 등이 CPC 방식의 대표적인 사례들이다.

(1) 오버추어 (www.overture.co.kr) 광고

다음(Daum), 네이트(Nate) 등의 포털에서 검색결과 최상단에 노출되는 입찰방식의 광고로서 최상단 노출로 사이트의 신뢰도, 인지도를 높여주며 다수의 방문자를 기대할 수 있다. 이 광고의 장점은 다양한 검색어를 활용함으로써 다양한 고객들을 사이트로 유인시킬 수 있다는 점이다.

(2) 스폰서 링크

특정 검색어의 검색결과 첫 페이지에 '사이트 제목-사이트 설명' 형식으로 제공되는 광고로 최상단에 위치하며, 검색어별로 최대 5위까지 광고영역을 제공한다. 스폰서 링크는 오버추어(www.overture.co.kr)를 통해 서비스 신청을 하면 된다.

(3) 클릭초이스

통합검색결과 첫 페이지에 위치한 비즈사이트 영역에 노출되는 저렴한 키워드샵 상품으로 광고주가 직접 기술한 다양하고 정확한 홍보내용이 최대 3줄까지 반영된다. 게재되는 광고의 수는 키워드에 따라 5개 또는 10개까지 지정되어 있으며, 대표적인 국내 포털광고로는 '네이버-파워링크, 비즈사이트', '다음-프리미엄 링크' 등이 있다.

① 파워링크: 특정 검색어 검색결과 첫 페이지에 '사이트 제목-사이트 설명' 형식으로 제공되는 광고로 통합검색, 검색결과 상단에 위치하며, 검색어별로 최대 10위까지 광고영역을 제공한다.

② 비즈사이트: 특정 검색어 검색결과 첫 페이지에 사이트의 부가정보와 함께 보여 주는 광고로 파워링크 아래에 위치하며, 검색어별로 최대 5위까지 광고영역을 제공한다.

4.2 CPM (cost-per-mile) 방식 광고

일정기간 동안에 진행되는 광고에 대해 고정금액을 정액제로 지정한 후에 노출과 클릭에 상관없이 그 금액만큼만 진행되는 광고 방식을 말한다. 이 광고의 장점은 일정기간 동안 그 금액만 지급하면 그 고정 자리를 유지하므로 특별한 관리가 필요 없다는 점이다. 국내 포털사이트에서 진행되는 광고로는 다음-스페

[그림 8-2] 다음 광고

셜 링크가 있다.

한편, 웹사이트 혹은 카페(cafe)의 홍보를 위한 키워드 광고는 다음(Daum)의 첫 화면 가장 아래에 있는 광고안내(☎1566-2100, [그림 8-2] 참조), 네이버(Naver)의 첫 화면 가장 아래에 있는 광고(☎1588-5896, [그림 8-3] 참조), 네이트(Nate)의 첫 화면 가장 아래에 있는 키워드 광고문의(☎1599-3401)에서 자세하게 알 수 있다. 사실, 키워드 광고를 처음 시작하려고 하는 경우에는 어떤 키워드 광고를 해야 할지를 잘 모르는데, 그러한 경우에는 전화로 상담을 받는 것이 필요하다. 또한 주요 포털에서 진행하고 있는 키워드 광고정책은 가끔 변경되는 경우가 발생하기 때문에 정기적으로 다음(Daum)의 광고안내, 네이버(Naver)의 광고, 그리

[그림 8-3] 네이버 광고

고 네이트(Nate)의 키워드 광고문의에 접속하여 광고정책에 어떤 변화가 있는지를 살펴보는 것이 필요하다.

또한 다음(Daum)과 네이트(Nate)는 2011년 6월부터 키워드 광고분야에서 제휴를 하였다(아이뉴스24, 2011. 4. 14). 이에 따라 창업자의 사이트 주소를 알려주고, 어떤 키워드를 선정하는 것이 좋은지, 한 달에 얼마 정도의 광고비를 책정하는 것이 바람직한지 그리고 제휴 포털간의 키워드 광고 진행방법 등에 대한 상담을 받는 것이 좋다. 아울러, 정기적으로 키워드 광고 사이트 내의 광고효과 보고서를 살펴봐야 한다. 즉, 개별 키워드별로 노출횟수, 클릭횟수, 클릭률, 평균클릭비용, 총비용을 살펴보면서 특정 키워드 광고를 계획해야 할지 혹은 중단해야 할지를 판단해야 한다.

하지만, 아직도 일부 창업자들의 경우에는 그냥 광고대행사에 맡겨서 진행을 하는데, 그렇게 하는 경우에 키워드 광고를 잘 하는 요령을 배우기가 어렵다는 문제가 있다. 따라서 처음에는 월 5~10만원부터 시작하고 키워드 광고에 대한 전문지식을 배워가면서 점차 광고비를 늘려가는 것이 좋을 것이다.

한편, 네이버(Naver)에서는 검색광고(searchad.naver.com)의 교육센터에서 온라인 교육 및 오프라인 교육에 대한 자세한 정보들을 제공하고 있으며, 다음(Daum)에서는 검색광고(adnetworks.biz.daum.net)의 교육정보센터에서 온라인 교육 및 오프라인 교육에 대한 정보를 제공하고 있다. 이에 따라 창업자들은 네이버(Naver) 및 다음(Daum)에서 제공하고 있는 정보들을 자세하게 살펴보는 것이 효과적인 키워드 광고의 진행을 위해서 도움이 될 것이다.

☞ 네이버(Naver)에는 네이버쇼핑(shopping.naver.com)이라는 독특한 광고상품이 있는데, [입점안내]에서 자세한 내용을 소개하고 있다. 다음(Daum)에는 쇼핑하우(shopping.daum.net)를 운영하고 있는데, 네이버(Naver)의 네이버쇼핑과 유사한 방식으로 운영하고 있다. 한편, 네이버쇼핑의 입점과 비용은 아래의 두 가지로 구분할 수 있다.

① CPC(Cost Per Click) 과금: 네이버쇼핑은 상품구매 의사가 있는 이용자가 브라우징 또는 검색을 통해서 해당 상품을 확인하고, 상품을 클릭하여 입점사의 쇼핑몰로 넘어갈 때마다 일정 금액(클릭당 단가)이 부과된다. 이러한 과금체계를 CPC 과금이라고

하며, CPC 과금은 상품이 등록된 카테고리별로 나누어 차등 적용된다.

② CPS Package 입점: CPS Package 입점시 매월 고정비와 지식쇼핑을 통한 매출액의 일정 %를 판매수수료로 부과한다. 입점을 하기 위해서는 쇼핑몰을 오픈한지 6개월 이상되고, 성인용품이나 네이버에서 취급하지 않는 상품을 제외하면 입점이 가능하다.

5. SNS 사이트의 주소를 포함시켜서 콘텐츠 등록

평소에 자주 접속하는 웹사이트에 콘텐츠(텍스트, 이미지, 동영상)를 등록할 때에는 반드시 창업자가 운영하고 있는 SNS 사이트의 주소도 함께 등록하는 습관을 가지는 것이 필요하다. 예를 들어, 페이스북(www.facebook.com)에서 노트 앱을 추가하여 다양한 주제의 글을 등록할 때에도 창업자가 운영하고 있는 SNS 사이트의 주소를 포함시키게 되면 글을 읽은 페이스북 친구들이 창업자의 SNS 사이트에 접속할 수 있을 것이다.

또한 [그림 8-4]과 같이, 유튜브(www.youtube.com)에 동영상(UCC)을 등록할 때에도 코멘트(Comments)에 SNS 사이트 주소를 포함시키는 것이 SNS 사이트의 홍보 및 접속에 많은 도움이 된다. 코멘트(Comments)에 등록되어 있는 SNS 사이트 주소를 클릭하면 SNS 사이트로 바로 접속이 될 수 있으며, 이를 통하여 홍보, 광고 및 상품판매의 성과를 거둘 수 있다.

[그림 8-4] 유튜브

YouTube KR
김영문
0:04 / 7:06
Analytics
Video Manager
김영문교수의 창업학 동영상강좌(240): 창업하려면...
Young-Moon Kim · 1,306 videos
Channel settings
368 views
1
1
Like
About
Share
Add to
Uploaded on Dec 3, 2010
김영문교수의 창업길라잡이(http://cafe.daum.net/isoho2jobs)

6. 소셜커머스의 활용

소셜커머스(social commerce)는 페이스북, 트위터 등의 소셜 네트워크 서비스(SNS: Social Network Service)에서의 홍보와 광고를 통해 이루어지는 전자상거래의 일종으로, 일정 수 이상의 구매자가 모일 경우 파격적인 할인가로 상품을 제공하는 판매방식이다. 소셜 쇼핑(social shopping)이라고도 하는데, 상품의 구매를 원하는 사람들이 할인을 성사시키기 위하여 공동구매자를 모으는 과정에서 주로 소셜 네트워크 서비스를 이용하기 때문에 이러한 이름이 붙었다(네이버 지식백과, terms.naver.com).

국내 소셜커머스는 2010년에 티켓몬스터(www.ticketmonster.co.kr)를 시작으로 하여 쿠팡(www.coupang.com), 위메프(www.wemakeprice.com) 등이 출범하였으며, 출범 초기에 500억원 규모에 불과했던 소셜커머스 업계의 거래액 규모는 2014년에는 3조원 규모까지 급성장하였으며(뉴스핌, 2014. 8. 21), 2015년에는 8조원을 돌파하였다. 이에 따라 상품의 판매뿐만 아니라 홍보와 광고를 위해서도 소셜커머스는 매우 중요한 역할을 담당하게 되었는데, 소셜커머스에는 많은 사람들이 접속하기 때문에 홍보의 효과가 상당히 크다고 할 수 있다.

또한 소셜커머스에 상품을 등록하기 위해서는 일정 비용을 지불해야 하는데, 이것은 소셜커머스를 광고 상품의 일종으로 생각해도 무리가 없을 것이다. 즉, 소셜커머스에서 비록 상품이 판매되지 않더라도 상품을 지속적으로 등록하다보면, 홍보와 광고 효과는 상당할 것이다.

7. 상가책자 및 생활정보지를 활용한 홍보 및 광고

상가책자와 생활정보지를 활용하여 홍보와 광고를 할 때에는 기업의 다양한 SNS 사이트들의 주소를 포함시키는 것이 필요하며, 상가책자 및 생활정보지에서 기업의 상품 정보를 확인한 고객들을 SNS 사이트로 유입시키기 위해서는 할인, 경품 등을 제공하는 것이 필요할 것이다. 즉, 장기적인 관점에서 SNS 홍보, 광고 및 상품판매의 효과를 높이기 위해서는 온라인(on-line)과 오프라인(off-line)을 연결시키는 노력이 필요하다는 것을 의미한다.

7.1 상가책자

요즈음 집집마다 상가책자 5~10권 정도는 있으며, 동네에 있는 배달음식점, 세탁소, 미장원, 수선집 등 다양한 점포들을 광고하고 있다. 이러한 상가책자들은 비용에 비하여 홍보효과가 비교적 좋으면서 단골고객들을 확보할 수 있다는 장점이 있으며, 무점포 창업아이템으로도 각광을 받고 있다.

상가책자를 제작해주는 웹사이트들은 다음과 같으며, 협약을 맺은 점포주들이 공동의 마케팅을 위해 상가책자를 제작하여 배포하는 것이 좋다. 또한, 개별 상가에서 발행한 쿠폰들을 공동으로 이용할 수 있도록 하는 것도 상호 발전을 위해 고려할 수 있을 것이다. 즉, 상가책자에 있는 모든 업소에서 발행한 쿠폰을 공동으로 사용할 수 있게 하는 것은 서로의 발전을 위해 많은 도움이 될 것이다.

① 상상애드(www.sangsang-ad.com)
② 스마트디앤피(www.smartdnp.com)
③ 캐시큐(www.cashq.co.kr)
④ 을지기획(www.ejpr.co.kr)

7.2 생활정보지

생활정보지는 주로 소규모의 광고로 지면을 채워 무가로 배포하는 신문이며, 독자가 많고 일반 유가지에 비해 광고비가 싸기 때문에 소규모 안내광고에 적합한 매체이다. 생활정보지는 1989년 대전에서 『교차로』가 처음으로 창간한 이래, 급속히 늘어나 지금은 파악된 것만 해도 230여 종에 이른다. 1998년 기준으로 생활정보지의 시장규모는 5000억원대 규모로 추산되고 있다. 『벼룩시장』과 더불어 정보지 시장에서 가장 큰 회사인 『교차로』의 현황을 보면, 전국에서 76개 지역판을 발행하며 하루 250만부를 배포한다. 인터넷이 보급되면서 생활정보지는 인터넷판도

발행되고 있는 실정이다(한국학중앙연구원, www.aks.ac.kr).

① 벼룩시장(www.findall.co.kr)

② 교차로(www.icross.co.kr)

③ 대구 동네방네(www.d4b4.co.kr)

8. 앱을 활용한 홍보 및 광고

스마트폰의 이용이 활성화되면서 음식배달을 전문으로 하는 앱(app)뿐만 아니라 특정 창업분야를 홍보하고 상품을 판매하기 위해 다양한 앱(app)이 많이 개발되어 운영되고 있는 실정이며, 실제로 많이 사람들이 이용하고 있다. 예를 들어, 외식창업을 하는 경우에는 직접 앱을 개발하여 운영하기보다는 아래와 같이 인지도가 높은 배달앱에 광고(입점)를 하는 것이 홍보의 측면에서 더 유리할 수 있다.

① 배달의민족(www.baemin.com)

② 요기요(www.yogiyo.co.kr)

③ 배달통(www.bdtong.co.kr)

④ 맥딜리버리(www.mcdelivery.co.kr)

한편, 앱(app)은 전문업체에 의뢰하여 개발할 수도 있지만, 앞에서 이미 설명한 것과 같이 다음(Daum) 및 네이버(Naver)의 카페앱을 활용할 수도 있다. 즉, 휴대폰의 [Play 스토어]에서 다음카페(Daum cafe) 혹은 네이버 카페(Naver cafe)를 검색한 후에 [설치]를 클릭하면 된다([그림 8-5] 참조). 전문업체에 의뢰하여 개발한 앱에 비하여 다음(Daum) 및 네이버(Naver)의 카페앱은

[그림 8-5] 카페앱

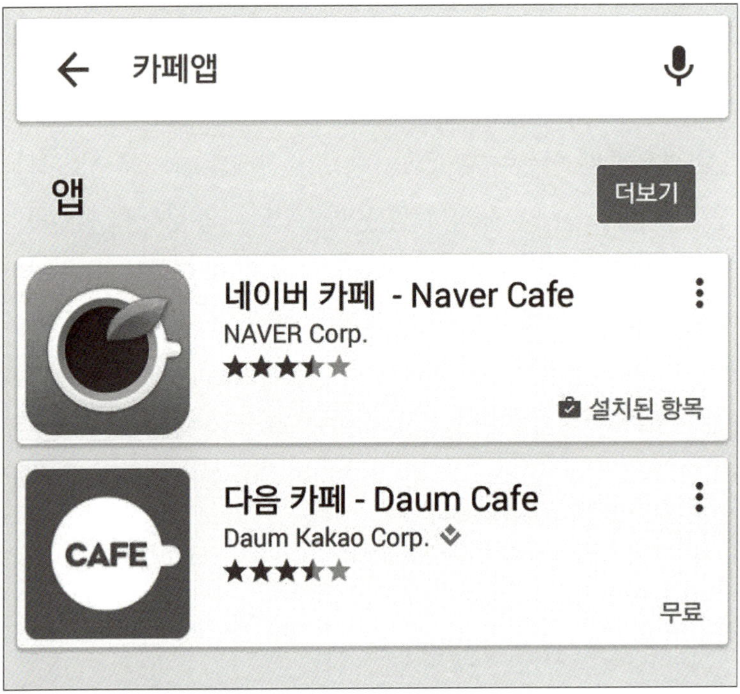

다음과 같은 특징이 있다.

① 카페앱은 평생 무료로 사용할 수 있다.

② 대부분의 사람들은 다음(Daum) 혹은 네이버(Naver)의 아이디(ID)를 갖고 있기 때문에, 고객들이 창업자의 카페앱에 신규로 가입하거나 접근하기에 매우 편리하다.

③ 다음(Daum) 혹은 네이버(Naver)의 카페는 누구나 쉽게 사용할 수 있다는 장점이 있으며, 홍보하고 싶은 분야의 카페를 개발하는 데에도 많은 시간이 소요되지 않는다.

④ 휴대폰에서 사용하는 다음(Daum) 혹은 네이버(Naver)의 카페앱은 컴퓨터 환경에서 포털사이트에 별도의 키워드 광고를 진행할 수 있으며, 이로 인해 홍보효과가 매우 크다고 할 수 있다.

⑤ 카페앱은 여러 개를 개설하여 운영할 수 있으며, 스크랩 기능을 활용하여 동일한 회사에서 개발된 카페앱 간의 자료 이동도 자유롭게 할 수 있다는 장점이 있다.

⑥ [상품등록게시판]을 활용하면, 카페앱에서도 상품판매가 얼마든지 가능하다.

9. SNS 홍보, 광고 및 상품판매 사이트들의 상호 연결

SNS 홍보, 광고 및 상품판매의 효과를 극대화시키기 위해서는 [그림 8-6]과 같이 여러 종류들의 SNS 사이트들을 상호 연결(link)시킬 수 있는 메인(main) 사이트 혹은 시작페이지를 결정하

[그림 8-6] SNS 홍보, 광고 및 상품판매 사이트들의 연결 구조도

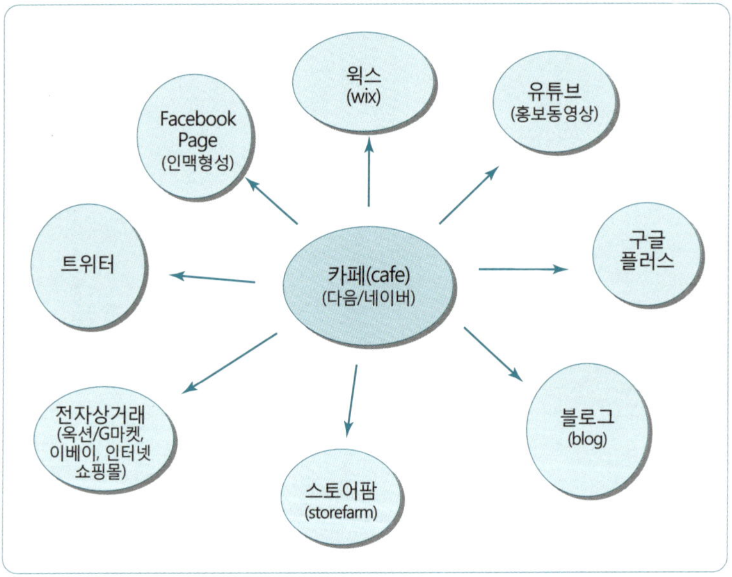

는 것이 필요하며, 기업의 홍보, 광고 및 상품판매를 담당하는 여러 SNS 사이트들이 HTML 명령어를 활용하여 상호 연결되어 연동될 수 있도록 하는 것이 중요하다.

예를 들어, [그림 8-6]에서 네이버 카페를 메인(main) 사이트 혹은 시작페이지로 결정하였다면, 시작페이지에서 Facebook에서 개설한 판매/구매 그룹인 [대구경북마트]로 링크시키기 위해서는 다음과 같은 HTML 명령어를 사용하면 된다([그림 8-7] 참조).

```
<a href="https://www.facebook.com/groups/1780564778854956"
   target="_blank">
<font color=blue><b>Facebook(대구경북마트)</b></font>
</a>
```

[그림 8-7] Facebook의 판매/구매 그룹 [대구경북마트]

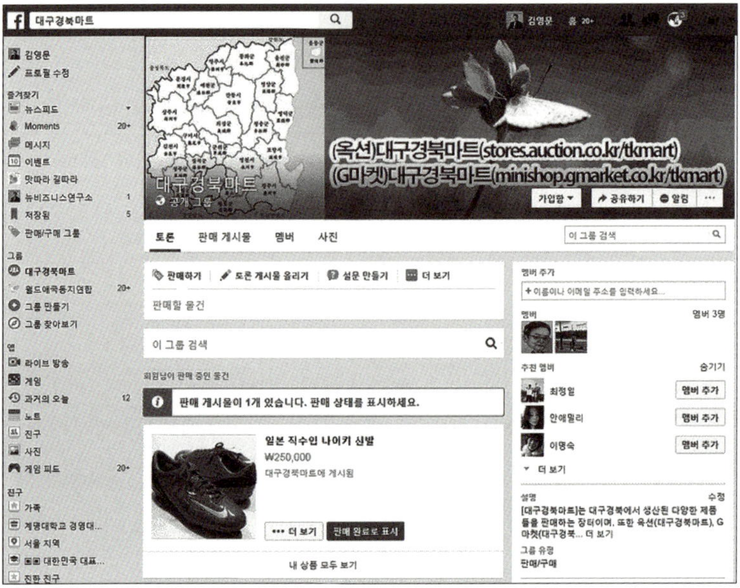

참 · 고 · 문 · 헌

Boyd, D. M. & Ellison, N. B.(2007), "Social Network Sites: Definition, History, and Scholarship," *Journal of Computer-Mediated Communication*, 13, 210~230.

경기지방중소기업청, 소상공인! 알아야 성공한다, 2003.

경남도민일보, "파워블로그", 2013. 1. 30.

김영문, 창업입문, 집현재, 2015.

김영문, 한루만에 인터넷쇼핑몰 창업하기, 집현재, 2014.

김영문, 무점포 1인 창업하기, 집현재, 2014.

김영문, 무점포 무일푼으로 인터넷창업하기, 집현재, 2013.

뉴스핌, "소셜커머스 출범 4년…'빛과 그림자'", 2014. 8. 21.

뉴스토마토, "카페 · 블로그 지고, SNS · 메신저 뜬다", 2011. 9. 16.

매경이코노미, "고객맞춤형 세일즈맨," 2004. 10. 20.

박영만, "방송을 타게 만들어라", 창업&프랜차이즈, 2003. 8.

박영만, "웹사이트 홍보", 창업&프랜차이즈, 134-135, 2003. 10.

브라이언 트레이시, 판매의 원리 1, 2, 씨앗을 뿌리는 사람, 2004.

시사오늘, "우리가 최대 거래"…소셜커머스 3사, '거래액 신경전', 2016. 2. 19.

전남일보, "서구, 불법현수막 과태료 4000만원 부과 '강력대응'", 2015. 4. 2.

중소기업청, 창업절차, 1999. 10.

중소기업청, 소점포경영론, 2002. 4.

최재희, 소자본 창업, 어떻게 할까요?, 중앙경제평론사, 2003

한국경제, "'좋아요' 누르고 제품도 구매…페이스북, 쇼핑 진출", 2016. 9. 12.

네이버 백과사전, 100.naver.com

네이버 지식백과, terms.naver.com.

다음 어학사전, dic.daum.net

마켓코리아, www.maketkorea.com

송교수의 맛집경영이야기, blog.naver.com/weely9570

위키백과, ko.wikipedia.org

한국학중앙연구원, www.aks.ac.kr

blog.naver.com/666dbsrl

blog.naver.com/idahoya

SNS 마케팅 – SNS 홍보 + 광고 + 상품판매 –

초판인쇄 | 2017년 3월 30일
초판발행 | 2017년 4월 3일

저 자 | 김 영 문
발 행 인 | 위 호 준
발 행 처 | 도서출판 집현재
04091 서울특별시 마포구 토정로 222
한국출판콘텐츠센터 417호
전화 (02)332-4922 Fax (02)3142-4922
홈페이지: www.jhjbook.co.kr
e-mail: jyp4922@naver.com

출판등록 | 2010년 10월 25일
등록번호 | 제105-91-57581호

정가 15,000원 ISBN 978-89-97304-68-4

이 도서의 국립중앙도서관 출판예정도서목록(CIP)은 서지정보유통지원시스템 홈페이지(http://seoji.nl.go.kr)와 국가자료공동목록시스템(http://www.nl.go.kr/kolisnet)에서 이용하실 수 있습니다.
(CIP제어번호: CIP2017007427)